Luther und die Juden
Luther, der Protestantismus und der Holocaust
Vorträge zum 500. Reformationsgedenken 2017

Günter Brakelmann

Evangelische Perspektiven
Schriftenreihe der Evangelischen Kirche in Bochum
in Zusammenarbeit mit der Evangelischen Stadtakademie Bochum

In der Schriftenreihe sind bisher elf Hefte erschienen.

In 2017:
Heft 9: Beiträge „mystischer" Traditionen in den Weltreligionen
zu einer ganzheitsorientierten Spiritualität der Gegenwart
Festschrift im Rahmen des 60-jährigen Bestehens der
Evangelischen Stadtakademie Bochum 2013
Hrsg. von Arno Lohmann
1. Auflage Februar 2017 / 2. Auflage Juni 2017
ISBN 9783743134416

Heft 10: Bochumer Fenster zur Vergangenheit:
Die Reformation in Bochum und der Grafschaft Mark
Hrsg. von Arno Lohmann, Peter Luthe und Stefan Pätzold
1. Auflage Juli 2017
ISBN 9783744875318

In 2018:
Heft 11: Michael Rosenkranz
„Ihr sollt Mir sein ein Königreich von Priestern"
Jüdische Perspektiven zur Verständigung zwischen Juden und Christen
Hrsg. von Arno Lohmann

Heft 12:
Günter Brakelmann
Luther und die Juden
Luther, der Protestantismus und der Holocaust
Vorträge zum 500. Reformationsgedenken 2017

Herausgegeben von Arno Lohmann
ISBN 9783752812466

Evangelische Kirche in Bochum
Westring 26a, D-44787 Bochum
Telefon 0234 - 962 904-0
http://www.kirchenkreis-bochum.de

Das vorliegende Heft ist zu beziehen bei:
Evangelische Stadtakademie Bochum
Westring 26a, D-44787 Bochum
Telefon 0234- 962904-661
office@stadtakademie.de
http://www.stadtakademie.de

Luther und die Juden
Luther, der Protestantismus und der Holocaust

Vorträge zum 500. Reformationsgedenken 2017

Günter Brakelmann

Verlag Books on Demand GmbH, Norderstedt

Bibliografische Information der Deutschen Bibliothek:
Die Deutsche Bibliothek verzeichnet diese Publikation in der Deutschen Nationalbibliografie;
detaillierte bibliografische Daten sind im Internet unter www.dnb.de abrufbar.

1. Auflage April 2018
© beim Herausgeber
Redaktion: Dr. Rudolf Tschirbs
Gestaltung: Q3 design, Dortmund

ISBN 9783752812466

Herstellung und Verlag:
BoD – Books on Demand GmbH
In de Tarpen 42
D-22848 Norderstedt
Telefon (+49) 0 40 - 53 43 35 - 0
Telefax (+49) 0 40 - 53 43 35 - 84
Web: www.bod.de
e-Mail: info@bod.de

Inhalt

Vorwort

Die beiden vorliegenden Beiträge sind sind im Rahmen der Luther-
vorträge im Reformationsjahr 2017 in der Evangelischen Stadtakademie
Bochum gehalten worden. Sie stießen auf ein so großes Interesse, dass
sie in der Reihe „Evangelische Perspektiven" veröffentlicht werden.
Der Autor konnte dabei zurückgreifen auf ältere Veröffentlichungen, die
aber inhaltlich entscheidend erweitert wurden. (s. Literaturverzeichnis)

Der zweite Vortrag greift in die auch aktuell wieder geführte Diskussion um die Mitverantwortung Luthers für den nationalsozialistischen
Holocaust ein. Günter Brakelmann kommt es zentral darauf an, dass
man klar den christlichen Antisemitismus unterscheidet von dem Rassenantisemitismus, der die ideologische Grundlage für die physische
Vernichtung der Juden war.
„Es ist nicht zu bestreiten, dass große Teile des Protestantismus im
19. und 20. Jahrhundert durch ihren politischen und kulturellen Antisemitismus, häufig gepaart mit dem religiösen Antijudaismus, die NS-
Verfolgung der Juden argumentativ und psychologisch mit vorbereitet
haben. Aber nirgends – bei keinem Theologen oder einer kirchlichen
Gruppe – findet sich im Kaiserreich oder in der Weimarer Republik ein
Rassenantisemitismus, der die ideologische Begründung für die physische Vernichtung der Juden abgibt." Eine heute wieder zu hörende
Ahnenreihe von Luther über Hitler zum Holocaust kann ohne weiteres
nicht konstruiert werden.

In dieser klaren Unterscheidung wird aber auch deutlich, dass der
Protestantismus eine Mitverantwortung für die nationalsozialistische
Judenpolitik hat. Das Verschränkungsverhältnis von Protestantismus
und Drittem Reich wird klar herausgearbeitet. Die evangelische Kirche
in ihrer Gesamtheit hat nie ein deutliches Wort weder gegen den fort-
schreitenden Entzug der Rechte noch gegen die folgenden NS-Ver-
brechen gesagt. Nur einzelne Pfarrer und evangelische Laien haben
das Schweigen ihrer Kirche durchbrochen.

Für diese kritische Unterscheidung, die sowohl für unser Lutherbild Bedeutung hat wie auch die für die bleibende Mitverantwortung der Kirche bis zum notwendigen Widerstand gegen jede Form des erneut offen zu Tage tretenden Antisemitismus, dankt die Evangelische Stadtakademie Bochum ihrem Referenten Günter Brakelmann.

Allen, die an einer vertieften Weiterarbeit interessiert sind, hat Günter Brakelmann ein chronologisch geordnetes Literaturverzeichnis über die entscheidende Phase des deutschen Antisemitismus von 1869 bis 1914 zusammengestellt und dabei in sorgfältiger Recherche die wichtigsten Bücher, Broschüren und Vorträge aus diesen Jahren zusammengetragen. Über das in diesem Band abgedruckte Verzeichnis hinaus, ist dieses ausführliche Literaturverzeichnis auf der Homepage der Evangelischen Stadtakademie zu finden unter
www.stadtakademie.de/publikationen/ev-perspektiven.html.

Arno Lohmann
Leiter Evangelische Stadtakademie Bochum

Luther und die Juden

Geboten ist zunächst ein *historisches Verständnis der Aussagen Luthers* zum Thema. Eine erste Frage muss sein: Wie war die Situation der Juden am Vorabend der Reformation? Und wie war der historische Zusammenhang, in dem Luther seine Äußerungen zur Judenfrage getan hat?

Im Mittelalter haben wir von der Zeit der drei Kreuzzüge (1096 – 1192) an die Tötung aller Juden in Jerusalem und Haifa, haben wir die Ausrottung von vielen Gemeinden in Deutschland, haben wir die Judenmassaker in West- und Nordfrankreich, schließlich die Ausweisung der Juden aus ganz Frankreich, die Liquidierung zahlreicher Judengemeinden in England und schließlich ihre Vertreibung aus ganz England (ab 1290). Für Deutschland sei nur erinnert: an die Judenmassaker in Würzburg, Fulda, Nördlingen, Rothenburg, Bamberg und Nürnberg, initiiert durch den Fleischermeister Rindfleisch aus Franken, ferner an ihre Vertreibung aus Oberbayern, im Elsass, in Österreich und in der Steiermark. Und später in der Pestzeit von 1348 – 1350 ist etwa auf Grund der Brunnenvergiftungsvorwürfe ein Drittel der jüdischen Bevölkerung umgekommen, getötet oder durch Selbstverbrennungen.

Allein 1391 bei Massakern in Spanien sind rund 50.000 Juden ermordet worden. Und die Inquisition 1492 in Spanien stellte die Alternative: Konversion, Auswanderung oder Tod. Ab 1492 war Spanien „judenfrei". Die spanische Austreibungspolitik machte in Europa Schule. In Portugal gab es in dieser Zeit ebenso Inquisitionen und Massaker.

In Deutschland gab es 1519 eine besonders harte Verfolgung der Juden in Regensburg. Und 1530 auf dem Reichstag zu Augsburg gab es für den Rest der Juden die Verfügung, dass die jüdischen Männer einen gelben Ring am Mantel oder eine Kappe zu tragen hatten.

Diese kleine Auswahl an Daten und Fakten zeigt die ununterbrochene Verfolgungs- und Leidensgeschichte der Juden im europäischen Mittelalter. Zu beachten ist für Deutschland:

– Das Existenzrecht der Juden ist gebunden an das Rechtsinstitut der kaiserlichen Finanzbehörde, die Judensteuern erhob.

- Kaiser und andere Herren konnten „Judenregularien" erlassen, die das Existenzrecht durch Judenschutzrechte ermöglichten.
- Es waren befristete Duldungen im Reich und in den Ländern.
- Juden waren zu Waren- und Geldhandel gezwungen, da für Christen das Zinsverbot galt.
- Seit dem Laterankonzil 1215 galt eine Kennzeichnungspflicht für Juden.

Wie sah das christliche Bild vom Judentum am Vorabend der Reformation aus, das zu diesen permanenten Verfolgungen die religiöse und politische Rechtfertigung gab?
(nach Detmers, 37 ff.)

a. Die Juden werden in Bildern und in Traktaten als blutdürstige Feinde des christlichen Glaubens mit dem Ziel der Vernichtung des Christentums dargestellt. Die Judenheit will den Tod der Christenheit. – Das ergibt ein radikales Feindbild.

b. Die Juden schänden christliche Bilder und verachten besonders Maria.

c. Die Juden sind – als von Gott Verstoßene und Verblendete – Christusmörder.

d. Durch den lästerlichen Talmud als rabbinische Schriftauslegung und Belehrung werden die Juden daran gehindert, Christen zu werden. Die jüdische Auslegung der hebräischen Bibel durch die Rabbiner im Sinne des Talmuds muss deshalb verboten und ihre Schriften verbrannt werden.

e. Die Juden sind die Bundesgenossen gottfeindlicher Mächte. Sie sind Werkzeuge des Teufels und verbreiten Not, Krankheit, Zauberei und Tod.

f. Die Juden sind heuchlerische Konvertiten, die sich durch ihre Taufe gesellschaftliche Vorteile versprechen.

g. Die Juden entwenden Hostien, durchstechen und zerstoßen mit ihren Füßen die geweihten Hostien, dadurch foltern sie wie bei der Kreuzigung weiterhin den realpräsenten Leib Christi.

h. Die Juden sind unreine Menschen, die das Schmutzige lieben (s. die Darstellung des Juden als Judensau).

i. Die Juden sind Wucherer und Nutznießer wirtschaftlicher Notlagen. Sie beuten die Christen aus.

j. Die Juden verschaffen sich durch Bestechungsgelder an die Herrschenden gesellschaftliche Vorteile.

k. Die Juden praktizieren als Ärzte verführerische Künste, sie sind Scharlatane.

Das ist wieder nur ein kleiner Einblick in die antiken und mittelalterlichen Stereotypen der Judenfeindschaft, die ein langes Leben hatten und noch haben sollten.

In Deutschland vor der Reformation verschärften sich die antijüdischen Einstellungen, die getragen wurden mehr durch die Bevölkerungen als durch die Fürsten, die sich eine begrenzte rechtliche Absicherung der Juden gut bezahlen ließen. Ihr Überleben verdankten sie weithin der fürstlichen Interessenpolitik.

Am Beginn des 16. Jahrhunderts ist eine Zunahme der Polemik gegen die Juden von allen Seiten zu konstatieren, auch bei den Humanisten. (So ist Erasmus ein eingefleischter Judenhasser, der 1519 das „judenfreie" Frankreich preist.)

In der vorreformatorischen und reformatorischen Zeit war Johannes Eck (1486–1543), der päpstliche Theologe, als ein vulgärer Antijudaist sehr bekannt. Er vertrat die These vom Ritualmord junger Christenkinder, um ihr Blut bei den eigenen jüdischen Riten zu verwenden.

Der Jude Johannes Pfefferkorn (1469–1522/23) schrieb nach seiner Taufe 1505 in Köln eine Reihe von antijüdischen Traktaten. Er war Schützling der Kölner Dominikaner. Er schlug vor, alle hebräischen Bücher außer dem AT zu beschlagnahmen und zu verbrennen, die Juden aus den Städten zu vertreiben und regelmäßig Predigten gegen die Juden zu halten. (Alles nachzulesen in seinem „Judenspiegel" von 1507, dem weitere Schriften folgten: Der Juden Beicht 1508 und 1509 der Judenfeind, s. Oberman, Wurzeln des Antisemitismus, 87 ff.)

Dagegen stand Johannes Reuchlin (1455–1522), der die entscheidenden Werke für die Verbreitung der hebräischen Sprache schrieb. Seine wichtigste Schrift: „Der Augenspiegel", ein Gutachten für den

Kaiser. In ihm wendet er sich gegen eine unterschiedslose Vernichtung des Talmuds. Er schrieb gegen die Kölner Dominikaner, die einen „Handspiegel gegen die Juden und ihre Schriften" herausgegeben hatten. Es gab einen jahrelangen öffentlichen Kampf für und wider Reuchlin.

(Eine Anmerkung: Immer zu berücksichtigen bleibt, dass der Streit der Christen gegen die Juden weder ein nationaler noch ein rassischer, sondern im Kern ein religiöser gewesen ist. Bekehrte sich ein Jude, war der Kampf von Seiten der Christen zu Ende. Allerdings erwartete man von ihm auch eine Änderung seiner Lebensweise und die gesellschaftliche Eingliederung in das corpus christianum.)

Luthers Auftakt

1514 bittet Georg Spalatin (Hofkaplan und Sekretär bei Luthers Landesherrn Friedrich dem Weisen) den Wittenberger Professor Luther um ein Gutachten zum „Augenspiegel" von Reuchlin und zum Streit zwischen Reuchlin und den Kölnern. (Abdruck bei Bienert, 28 ff.)

Luther tritt in seinem Gutachten für die Freiheit von Forschung und Lehre, auch bei Irrtum und Lästerung ein. Sein Fazit: „In seinem (Reuchlins) ganzen geschriebenen Ratschlag ist mir absolut nichts begegnet, was gefährlich wäre."

Von dieser Zeit an befasst sich Luther immer mehr in seinen Predigten, Vorlesungen und Schriften in der Zeit von 1513–1521 mit dem Problemfeld Juden – Christen. In seinen Vorlesungen über die Psalmen, über den Römerbrief, den Galaterbrief und den Hebräerbrief finden sich kürzere oder längere exegetische Passagen über dieses Thema, ebenso in seiner Auslegung des Magnificats, des Lobgesangs der Maria.

Daten und Schriften
- 16. August 1513 bis 13. Juli 1515: Erste Vorlesung über die Psalmen (Aland 1, 19 ff.)
- Februar 1515: Luthers Brief an Spalatin zum Streit zwischen Reuchlin und Pfefferkorn (Bienert 28 ff.)

- Ostern 1515 – 7. Dezember 1516: Vorlesung über den Römerbrief (Aland 1, 107 ff.)
- 1516/17: Vorlesung über den Galaterbrief (Aland 1, 263 ff.)
- 1517/18: Vorlesung über den Hebräerbrief (Aland 1, 292 ff.)
- 1518/1521: Zweite Vorlesung über die Psalmen (Aland 1, 403 ff.)
- 1521: Das Magnificat (MA 6, 186 ff.)
- 1523: „Dass Jesus ein geborener Jude sei" (Walch 1793 ff.; MA, 3. Ergänzungsreihe, 1 ff.)
  Brief des Jonas an Andreas Rem (Walch 1823)
  Schreiben an Bernhard, einen bekehrten Juden (Walch 1823 ff.)
- 1526: Auslegung von Psalm 109 für die Königin von Ungarn
- 9. Juli 1530: Brief zur Taufe eines jüdischen Mädchens (Bienert, 94 ff.)
- 1536: Vertreibung der Juden aus Kursachsen (Versuch des Josel von Rosheim, mit dem Kurfürsten zu reden). Wolfgang Capito bittet in einem Brief vom 26. April 1537 Luther um einen Empfang des Josel.
- 1537: Luthers Schreiben an Jesel, Juden zu Roßheim, warum er ihm schriftliche Fürbitte versage (Walch 1827 f.)
- 1538: Luthers Brief wider die Sabbather an einen guten Freund (Walch 1830 ff.)
- 1543: Von den Juden und ihren Lügen (Walch 1860 ff.; MA: Ergänzungsband 3, 61 ff.)
- 1543: Schrift vom Schem Hamphoras und vom Geschlecht Christi (Walch 2028 ff.)
- 1543: Von den letzten Worten Davids (MA: 3. Ergänzungsband 229 ff.)
- 15. Februar 1546: Letzte Predigt am 15. Februar in Eisleben (MA 6, 418 ff.)
  Anhang: Eine Vermahnung wider die Juden (ebd. 426 f.)

Sehen wir uns einige Aussagen Luthers in seiner Frühzeit als Wittenberger Professor an. In seiner Römerbriefvorlesung von 1515 – 1516 geht es ihm im Blick auf die Juden um eine zentral theologische Auseinandersetzung mit den Juden, nicht um ihre traditionelle Beschimpfung. Er will die Unterscheidungen zwischen christlicher und jüdischer Theologie herausarbeiten. Es sind folgende Aussagen, die sein damaliges

Verständnis wiedergeben. Seine zentrale Aussage: Gerechtigkeit gibt es nur durch Christus. Er argumentiert:

„Es könnten und möchten wohl die Juden sagen: Wir hören das Gesetz und kennen es, und wir sind das auserwählte Volk aufgrund des Gesetzesbundes vom Berge Sinai. Die (Heiden) Völker aber könnten und möchten wohl sagen: Wir haben das Gesetz nicht kennen gelernt, darum entschuldigt uns unsere Unkenntnis. Er aber (Paulus) antwortet einem jeden: Nein! Es bedeutet nämlich „Gerechtsein bei Gott" dasselbe wie „gerecht gemacht werden bei Gott". Denn nicht, weil einer gerecht ist, wird er von Gott anerkannt, sondern weil einer von Gott anerkannt wird, darum ist er gerecht.... Niemand aber wird als gerecht anerkannt, der nicht das Gesetz durch das Tun erfüllt. Niemand aber erfüllt es, der nicht an Christus glaubt. Und so behauptet der Apostel den Schluss, dass niemand ohne Christus gerecht ist, niemand (ohne ihn) das Gesetz erfüllt." (Bienert, 32 f.)

Also: Judentum ist für Luther eine Gesetzesreligion im Unterschied zur christlichen Gnadenverkündigung. Gerechtigkeit also kommt aus Glauben, nicht aus Gesetzeserfüllung oder aus der Beschneidung. Auch Abraham wurde vor der Beschneidung aus Glauben vor Gott gerechtfertigt, nicht durch seine Werke. Die Juden müssen zum Glauben Abrahams zurückgerufen werden. Aber – so Luther hier und später –: Nicht ganz Israel lässt sich zurückrufen, doch ein Teil wird schon vor der Endzeit gläubig und so gerettet werden. (ebd. 33 f.) Ganz wichtig: Israels Erwähltsein als Volk Gottes bleibt trotz seiner Verstockung bestehen (ebd. 34). Da nun die christliche Liebe für das Gute wirkt, gilt das auch für die Juden (ebd. 34, zu Röm 9–11). Deshalb spricht sich Luther gegen die Verleumdungen der Juden aus: „Mit Gewalt und Verfluchungen wollen sie Juden bekehren. Gott aber möge ihnen widerstehen." (ebd. 34 f.)

Christen und Juden sollen einander in Güte annehmen, „wie Christus sie angenommen hat. Denn er hat nicht nur die Juden, damit sie sich nicht überheben, sondern ebenso die Völker aus reiner Barmherzigkeit angenommen. Daher haben beide Grund zum Lobe Gottes, nicht aber zum Streit miteinander." (ebd. 35)

Jetzt schon sollen Christen das jüdische Volk „wegen der Erwählten in Ehren halten". So nämlich ist das jüdische Volk eine „heilige Menge" wegen der Erwählten (Das sind die, die schon jetzt zum Glauben kommen, ebd. 35 f.). Und: Nach ihrem Leiden werden die Juden als letztes der Völker zum wahren Glauben umkehren (ebd. 36), ganz Israel wird am Ende der Zeit durch Gottes Gnade gerettet werden (ebd. 36 f.). Das Leiden der Juden dient der Welt und auch den Juden zum Heil (ebd. 37).

Was zu sehen ist: Luther ist in der Zeit der beginnenden Reformation kein Judenfeind, aber ein an sein Schriftverständnis gebundener Kritiker des Judentums: Wie er die scholastische Schriftauslegung hinter sich gelassen hat, so lehnt er auch die rabbinische Schriftauslegung ab. Am Gottesverständnis scheiden sich für Luther die Geister: Nur durch Christus erkennen wir das Wesen Gottes: Das ist der Kern seiner Vorlesung über den Galaterbrief. (Bienert, 42 f.)

Die Konsequenz: Nicht Judenverfolgung, sondern Judeneinladung aus christlicher Liebe ist geboten: „Wer, so frage ich, würde zu unserer Religion übertreten, und sei er noch so gutmütigen und geduldigen Gemüts, wenn er sich von uns so grausam und feindselig und nicht nur unchristlich, sondern vielmehr noch so todbringend behandelt sähe. Wenn Hass auf Juden, Ketzer und Türken die Christen ausmacht, dann sind wir Rasenden wahrhaft die Christlichsten unter allen ... Das Evangelium dagegen wirkt daraufhin, uns die Liebe Gottes und Christi in dieser Angelegenheit gänzlich und aufs höchste nahe zu legen ..." (ebd. 43 f.)

Nach Luther ist es also verständlich, wenn die Juden angesichts des Verhaltens der Christen gegenüber den Juden sich nicht zum christlichen Glauben bekehren.

Wie aber reagieren die Juden auf die christliche Missionsstrategie?

Das Problem für Luther ist die „Halsstarrigkeit" der Juden: „Doch auch dies ist bedauernswert, dass die Synagoge immer mit von der Kirche abgewandtem Gesicht verharrt, das heißt mit dauerndem Hass. Anerkennen kann und will sie diese nicht, den Hass legt sie nicht ab und erreicht dennoch nichts gegen sie, ist vielmehr ständig auf der

Flucht und zum Zurückweichen gezwungen. Das haben wir bis heute vor Augen, wie es an den Juden geschieht, so dass ihr Zustand nicht besser mit wenigen Worten ausgedrückt werden kann, als dass sie mit dem Rücken Zugewandte dahingegeben sind, so sehr dem Hass und dem Erdulden von Übeln ausgeliefert." (ebd. 46)

Luther sieht hier in dem Hass der Juden auf die Kirche den Grund für ihre reale geschichtliche, gesellschaftliche und politische Situation. Luther, der das Alte Testament christologisch auslegt, kann deshalb eine Bevorzugung der Juden wegen ihrer natürlichen Abstammung von Abraham nicht akzeptieren, aber: „... auch die Juden und Völker werden sich bekehren und anbeten ... damit es in Christus weder einen Juden noch einen Griechen gibt ... Alle werden in Christus eins sein ... Juden und Christen werden gemeinsam Gott anbeten: sie sind alle eins in Christus, von einer Erde, zu einem Gott, in einem Glauben, in einem Evangelium sollen sie dienen ohne Unterschied." (ebd. 48)

Also: Luther glaubt an eine gemeinsame endzeitliche Versöhnung aller Juden und Christen. Auch in der Zeit vor Worms und in Worms (1521) geht Luther kontinuierlich auf das Problem Christen – Juden ein. Es ist für ihn kein gelegentliches Thema am Rande, sondern berührt das Zentrum seiner Theologie. Ausführungen zum Thema finden sich verstreut im Schrifttum dieser Jahre. So in seinem „Sermon von Betrachtung des heiligen Leidens Christi (ebd. 49), in seinem „Sermon vom Wucher" (1519), in seiner Schrift „Von den guten Werken" (1520), in seiner Vaterunser-Auslegung, in der sich sogar ein Fürbittengebet für die Juden findet, und in seinen Passionspredigten wendet er sich gegen die traditionelle und übliche Beschimpfung der Juden in den Passionspredigten (1521). Darüber hinaus setzt er sich für das Erlernen der hebräischen Sprache ein und für die Einrichtung von hebraistischen Lehrstühlen an den Universitäten.

Ein Zwischenergebnis

Luthers judenfreundliche Haltung, bestimmt durch die Hoffnung der Hinwendung von Juden zum christlichen Glauben – wenn auch nicht aller, aber etlicher Juden – hat in diesen Jahren ihren Grund in der Auslegung von Römer 9–11, nach der das Heil dem ganzen jüdischen Volk gilt, und in dem allgemeinen Gebot der Gottes- und Nächstenliebe. Von seinem Schriftverständnis her setzt er sich kritisch mit der jüdischen Auslegungsgeschichte des Alten Testaments auseinander. Dabei lehnt er die traditionellen altkirchlichen und mittelalterlichen antijüdischen Stereotypen als Hinderungsgrund für die Bekehrung von Juden zum christlichen Glauben ab.

Auch in den Schriften, die er auf der Wartburg verfasst (die Auslegung des Magnificat und die Kirchenpostille 1521–1522), bleibt er bei seiner frühreformatorischen Linie. Zentral bleibt seine These: Einzige Ursache für der Juden Elend ist die Ablehnung Jesu Christi: „Es ist öffentlich genug bekannt, dass die Juden allezeit sind die größten Feinde Christi gewesen, obwohl sie Gottes größte Freunde sein wollen. Aber das kann auch niemand leugnen, dass ihr Haupt (Jerusalem) zerstört ist, dass sie kein Königreich, keine Herrschaft, kein Priestertum mehr haben und immer ohne Haupt sind … Dies zeigt keine andere Missetat an, denn dass sie Feinde Jesu Christi sind und ihn nicht Gott sein lassen … Das geschieht alles darum, dass sie nicht an den glauben wollen, der Sünde und Tod hinnimmt." (ebd. 62)

Also: Das Schicksal der Juden – die Zerstörung des Tempels, das Ende eines eigenen jüdischen Staates, die Zerstreuung in die Welt und ihre Unterdrückung – haben ihren Grund in ihrer Verweigerung, Jesus Christus als den verheißenen Messias anzuerkennen und sich zu ihm zu bekehren. Dieses theologische Urteil über die Juden wird durch die Jahrzehnte hindurch konstant sein. Davon zu unterscheiden ist der reale Umgang mit den zeitgenössischen Juden, seine Judenpolitik.

Im Magnificat (1521) postuliert Luther: „Darum sollen wir die Juden nicht so unfreundlich behandeln, denn es sind noch zukünftige Christen unter ihnen und werden es noch täglich … Wenn wir christlich lebten und sie mit Güte zu Christus brächten, das wäre wohl das rechte Maß. Wer wollte Christ werden, so er sieht Christen so unchristlich mit Menschen umgehen? … Wollen sie nicht, lass sie in Frieden fahren …" (ebd. 67) In seiner Kirchenpostille (1522) ruft er zur Fürbitte und Opfer auch für gegnerische Juden auf und hofft angesichts des nahenden

Weltendes auf die Bekehrung der Juden. (ebd. 68 f.) Aber schon jetzt vor dem Ende der Welt gehören Christen und Juden zu der einen alle umfassenden Gesellschaft und dürfen auch untereinander heiraten: „Wie ich nun mag mit einem Heiden, Juden, Türken, Ketzer essen, trinken, schlafen, gehen, reiten, kaufen, reden und handeln, also mag ich auch mit ihm ehelich werden und bleiben, und kehre dich nichts an der Narren Gesetze, die solches verbieten …" (Vom ehelichen Leben 1522, ebd. 70)

So hatte noch nie ein Theologe vor ihm öffentlich gesprochen! Und in seiner Schrift „Von weltlicher Obrigkeit" (1523) finden sich diese Sätze: „Lieber, willst du Ketzerei vertreiben, so musst du den Griff treffen, dass du sie vor allen Dingen aus dem Herzen reißest und gründlich mit Willen abwendest. Das wirst du mit Gewalt nicht beenden, sondern nur stärken … Denn ob man gleich alle Juden und Ketzer mit Gewalt verbrennte, so ist und wird doch keiner dadurch überwunden noch bekehrt." (ebd. 71)

Daraus zieht Luther in einem Brief an den bekehrten Juden Bernhard 1523 die Konsequenz: Anstatt Judenhetze mit ihrer „höchst geschmacklosen Rohheit und eselhaften Ignoranz" ist ihnen das „goldene Licht des Evangeliums" anzubieten (ebd. 73). Luther fasst nun 1523 seine bisherigen in seinem Schrifttum verstreut zu findenden Positionen zusammen und baut sie argumentativ aus in seiner Schrift „Dass Jesus Christus ein geborener Jude sei".

Luther war zu Ohren gekommen, dass eine „neue Lüge" über ihn verbreitet werde: Maria sei vor und nach der Geburt nicht Jungfrau gewesen, Joseph sei der leibliche Vater und sie habe später noch Kinder gehabt. Und: Christus sei Abrahams natürlicher Samen.

Was Luther nun mit seiner Schrift will, steht am Anfang: „Darum will ich aus der Schrift erzählen die Ursachen, die mich bewegen, zu glauben, dass Christus ein Jude sei, von einer Jungfrau geboren, ob ich vielleicht auch der Juden etliche möchte zum christlichen Glauben reizen. Denn unsere Narren, die Päpste, Bischöfe, Sophisten und Mönche, die groben Eselsköpfe, haben bisher mit den Juden gefahren, dass wer ein guter Christ gewesen wäre, hätte wohl ein Jude zu werden gemocht.

Und wenn ich ein Jude gewesen wäre und hätte solche Tölpel und Knebel gesehen den Christenglauben regieren und lehren, so wäre ich eben eine Sau geworden denn ein Christ. Denn sie haben mit den Juden gehandelt als wären es Hunde und nicht Menschen; haben nichts mehr kundgetan als sie zu schelten und ihr Gut zu nehmen… Keine christliche Lehre hat man ihnen beweiset, sondern nur der Päpsterei und Möncherei unterworfen." (74 f.)

An die Stelle von Diffamierung und Unterdrückung soll die Evangeliumsverkündigung treten: „Ich hoffe, wenn man mit den Juden freundlich handelt und aus der heiligen Schrift sie säuberlich unterweist, es sollten ihrer viele rechte Christen werden und wieder zu ihrer Väter, der Propheten und Patriarchen Glauben treten … Wenn die Apostel, die auch Juden waren, also mit uns Heiden so gehandelt hätten wie wir Heiden mit den Juden, so wäre nie einer von den Heiden Christ geworden … So sind wir (Christen) dennoch Heiden, und die Juden von dem Geblüte Christi; wir sind Schwäger und Fremdlinge, sie sind Blutsfreunde, Vettern und Brüder unseres Herrn." (75 f.)

Hier wird eindeutig die heilsgeschichtliche Priorität der Juden von Luther anerkannt. Er will nun den Juden durch Schriftauslegung nahe bringen, dass Jesus der von ihnen erhoffte Messias ist. Er weiß aber auch um die Schwierigkeiten, die Juden auf diesem Wege haben.

So ist es für die Juden schwer, die Jungfrauengeburt und die Gottheit Jesu Christi anzuerkennen. Darüber muss mit ihnen weiter geredet werden. So legt Luther vier alttestamentliche Stellen (Gen 3,15; Gen 22,18; 2. Sam 7,12; Jes 7,14) als messianische Weissagungen der Jungfrauengeburt aus. Die Wahrheit der Jungfrauengeburt will er mit der Auslegung alttestamentlicher Aussagen belegen.

Entscheidend aber ist ihm als erster Schritt, dass die Juden den Menschen Jesus als den gekommenen Messias anerkennen. Und später mögen sie lernen, dass dieser Mensch wahrhaftiger Gott ist.

Luthers abschließender Rat: „Darum wäre meine Bitte und Rat, dass man säuberlich mit ihnen (den Juden) umginge und sie aus der Schrift unterrichte, so möchten etliche ihrer herbeikommen … Will man ihnen helfen, so muss man nicht des Papstes, sondern christliche Liebe an ihnen üben und sie freundlich annehmen, mit gewähren lassen, werben und arbeiten, damit sie Ursache und Raum gewinnen, bei und mit uns zu sein, unsere christliche Lehre und Leben zu hören und zu sehen. Obwohl etliche halsstarrig sind, was liegt daran? Sind wir doch auch nicht alle gute Christen. Hierbei will ich's diesmal bewenden lassen, bis ich sehe, was ich gewirkt habe. Gott gebe uns allen seine Gnade. Amen." (80)

Mit dieser Schrift erreicht die religionsgeschichtliche wie theologische Interpretation der jüdischen Religion durch Luther ihren Höhepunkt. Auch seine Empfehlungen zum alltagspraktischen Umgang mit den Juden dürften einen politisch-kulturellen Fortschritt in ihrer Zeit bedeuten: Alle Gewaltanwendung soll ein Ende haben, die Juden sollen in die Arbeits- und Berufswelt eingegliedert werden. Alle diskriminierenden Gräuelmärchen sollen ein Ende haben. Der liebende und verständnisvolle Umgang mit ihnen ist der beste Weg, sie für den christlichen Glauben zu gewinnen. Das ist Luthers Hauptmotiv und Ziel. Dazu sollen sie in die Gesellschaft voll eingegliedert werden. Sie müssen nicht mehr eine besondere Kleidung tragen und es gibt keine Ehehindernisse mehr und keine alltäglichen Kontaktverbote. Das gilt auch für die Juden, die noch „halsstarrig" bleiben.

Luther hat in den folgenden Jahren an vielen Stellen seines umfangreichen Schrifttums weiterhin Position zu den Juden bezogen. Wir können sie jetzt nicht alle nachschreiten. Entscheidend bleibt für ihn in seiner Wertung jüdischer Schriftauslegung – es sei noch einmal gesagt – die Christologie. Verbindlich ist für ihn dogmatisch die Bindung an das Chalcedonense (451), das Christus als wahrhaftigen Menschen und als wahrhaftigen Gott bekennt. In den reformatorischen Schmalkaldischen Artikeln von 1537 heißt es am Anfang:

„Dass Jesus Christus, unser Gott und Herr, sei um unserer Sünde willen gestorben und um unserer Gerechtigkeit willen auferstanden. und er allein das Lamm Gottes ist, das der Welt Sünde trägt, und Gott unser aller Sünde auf ihn gelegt hat. Item: Sie sind allzumal Sünder und werden ohne Verdienst gerecht aus seiner Gnade und durch die Erlösung Christi in seinem Blut, von diesem Artikel kann man nicht weichen oder nachgeben, es falle Himmel und Erde oder was nicht bleiben will. Und auf diesem Artikel steht alles, was wir wider den Papst, Teufel und die Welt lehren und leben. Darum müssen wir dessen ganz gewiss sein." (Bekenntnisschriften der Ev. Lutherischen Kirche, Göttingen 1952, S. 415 f.)

Von dieser theologischen Grundkonzeption her ergeben sich Luthers Einschätzungen der jüdischen Theologie, die für ihn eine Theologie der Werkgerechtigkeit ist, der gegenüber er die Glaubens- und Gnadengerechtigkeit stellt. Luther redet immer von seinen exegetischen Erkenntnissen der Schrift her, wie er sie versteht. Zehn Jahre lang hat er eine Genesisvorlesung und viele Predigten über alttestamentliche Texte gehalten. Es ist für ihn im Blick auf die Juden vorrangig eine theologische Auseinandersetzung, in der es um die Wahrheitsfrage geht. Und hier macht er keine Abstriche. Hier ist für ihn der sog. status confessionis (der Bekenntnisfall) gegeben. Nationale, politische und gesellschaftliche Fragen spielen demgegenüber eine untergeordnete Rolle. Was bislang bei ihm überhaupt keine Rolle gespielt hat, sind rassische Fragen. Judentum ist für ihn Religion.

Um den Kontrast zu katholischen öffentlichen Stimmen zu zeigen, sei nur an Luthers Gegenspieler Johann Eck erinnert. Dieser forderte zu dieser Zeit u. a. das Verbot der Schmähung christlicher Lehre und Sitte, ein Ausgangsverbot für Juden in der Karwoche, das Tragen von Kennzeichen auf der Kleidung (gelber Ring), keine Zulassung für öffentliche Ämter, Verbot der Beschäftigung christlicher Dienstboten, Verbot von Ehen mit Christen und ein Wucherverbot.

1537 kommt es zu einem Kontakt von Luther mit Josel von Rosheim, dem Vorsteher der Juden am Kaiserlichen Hof. Es lohnt sich, Luthers Brief an ihn zu analysieren. Denn in ihm deutet sich, wenn auch noch verhalten, ein Umbruch seiner bisherigen Position gegenüber den Juden an. (Bienert, 112 f.) In den nächsten Jahren von 1538–1543 lässt sich nun Luthers Weg vom judenfreundlichen Reformator zum konsequenten Antijudaisten gut rekonstruieren. Was hat ihn zu seiner allmählichen Wende getrieben? Es gibt ein Bündel von Gründen, die ihn kritischer und schließlich hart werden ließen.

Inzwischen gab es lutherische Stadtstaaten und lutherische Territorialstaaten. Diese mussten sich nun mit religionspolitischen und religionspädagogischen Fragen befassen. Auch Luther musste sich als theologische Autorität mit den Fragen der inneren kirchlich-religiösen Neugestaltung von städtischen und territorialen Einheiten befassen.

Luther meinte mit zunehmender Zeit zu erkennen, dass die jüdische Kritik am christlichen Glauben und die Weigerung, sich in das corpus christianum durch Bekehrung und Taufe einzugliedern, die religiösen und moralischen Grundlagen und damit die erwünschte Einheit der Bevölkerungen im Glauben und in der gesellschaftlichen Ordnung gefährde. Die Juden drohten im Zuge der Konfessionalisierung der Territorialstaaten ein religiöser, politischer und gesellschaftlicher Störfaktor zu werden. Sie spalteten ein einmütiges Zusammenleben auf dem Fundament einer von reformatorischer Theologie bestimmten politischen und gesellschaftlichen Ordnungswelt. Auch fürchtete Luther um die religiöse Standhaftigkeit von Teilen der lutherischen Bevölkerung gegenüber der jüdischen Kritik an einzelnen christlichen Dogmen, wie z. B. am Trinitätsdogma. Es erbost Luther, dass bei den jüdischen Angriffen auf die Gottheit Christi die Christen als „unvernünftig" dargestellt werden. Jüdische Bekehrungsversuche an Christen werden von Luther als endzeitliche Wirren interpretiert. Etliche Christen haben sich sogar „beschneiden lassen und glauben, der Messias oder Christus sei noch nicht gekommen und der Juden Gesetz müsse ewiglich bleiben ..." (Bienert, 119) Die jüdischen Forderungen von Beschneidung und Feier des Sabbattages können aber nicht geduldet werden (ebd. 119 f.), vor allem nicht jüdische Schmähungen Jesu und der Maria (ebd. 120 ff.).

Zwischen 1539 bis 1542 können wir noch ein Schwanken Luthers zwischen Sympathie und Feindschaft feststellen. Vor allem aber muss er sehen – für ihn ein hartes Ergebnis seiner reformatorischen Mühen –, dass seine Erwartungen von 1523 nicht eingetroffen sind. Die Juden bleiben in ihrer Mehrheit theologisch das „halsstarrige Volk" und sie bilden immer mehr und offener ein unruhiges Element in der christlichen Gesellschaft. Auch wenn er in dieser Phase seine Kritik an den Juden verstärkt, er bleibt bis an sein Lebensende immer bei seiner Ablehnung von Gewalt gegen Personen und gegen das Verbrennen von Menschen. Und er kann die Juden preisen als die Verfasser der Heiligen Schrift und empfindet Hochachtung für die Juden, die Stadt, Land und Tempel verloren haben und immer auf der Flucht sind. Und immer wieder stellt er die Frage, warum Gott zu ihrem Elend schweigt.

Wie Luther 1523 seine theologischen und missionarischen Überlegungen in seiner Schrift „Dass Jesus Christus ein geborener Jude sei" zusammengefasst hat, so schreibt er genau zwanzig Jahre später eine Kampfschrift gegen die Juden: „Von den Juden und ihren Lügen".

1542 war die Schrift eines Rabbiners, die leider nicht mehr vorhanden ist, gegen eine Ausarbeitung Luthers von 1538 „Ein Brief wider die Sabbather" erschienen. Luther antwortet mit seiner sehr langen Schrift, die aus 394 Abschnitten besteht. Wichtig ist der Anfang:

„Ich hatte mir wohl vorgenommen, nichts mehr von den Juden noch gegen die Juden zu schreiben. Aber weil ich erfahren, dass die elenden, heillosen Leute nicht aufhören, auch uns, das sind die Christen, an sich locken, habe ich dies Büchlein ausgehen lassen, damit ich unter denen erfunden werde, die solchem giftigen Vornehmen der Juden Widerstand getan und die Christen gewarnt haben, sich vor den Juden zu hüten. Ich hätte nicht gemeint, dass ein Christ sich sollte von den Juden narren lassen, in ihr Kummer und Elend zu treten … Es ist mein Vorhaben nicht, dass ich wollte mit den Juden zanken oder von ihnen lernen, wie sie die Schrift deuten oder verstehen … Viel weniger gehe ich damit um, dass ich die Juden bekehren wolle; denn das ist unmöglich." (Bienert, 132 f.)

Es wird eine Schrift der Darstellung der christlichen Lehre gegenüber jüdischen Auslegungen der Schrift, gegenüber jüdischer Frömmigkeit und gegenüber jüdischen Lebensweisen. Es wird **d i e** antijudaistische Schrift Luthers. (Luther greift in Sonderheit u. a. auf folgende Theologen zurück: Nikolaus von Lyra (1270–1349), Paulus von Burgos (1353–1435), auf Salvagus Porchetus (gest. ca. 1315), vor allem aber auf die Schrift des Konvertiten Anton Margaritha (1492–1542) „Der ganze jüdische Glaube" von 1530/31. Durchgehende Kontakte zu zeitgenössischen Juden hat er nicht gehabt.)

Nach einer Einleitung (These 1–8) gliedert sich die Schrift in drei Hauptteile und in ein Schlusskapitel. Zunächst geht es gegen den Alleinanspruch der Juden, Gottes Volk zu sein. Sie rühmen sich, Abrahams Samen zu sein, sie rühmen sich ihres Adels und Geblüts: „... wir Heiden sind gegen sie in ihren Augen nicht Menschen, sondern kaum wert, dass wir von ihnen als arme Würmer eingeschätzt werden ...“

Lange Seiten handelt Luther über diesen Punkt der Verachtung der Christen durch die Juden. (Thesen 9 ff.)

Weiter: „Der andere Grund und Ruhm der Juden wider die Christen ist die Beschneidung.“ (Thesen 30 ff.) Wieder wird dieser Punkt auf vielen Seiten verhandelt. Weiter: „Der dritte Grund und Ruhm der Juden ist das Gesetz, ihnen von Gott gegeben.“ (Thesen 67 ff.) Am Ende der Abschnitte steht immer ein „Hüte dich vor den Juden.“ Weiter: „Der vierte Grund und Ruhm der Juden vom Lande Canaan“, die Besitznahme des gelobten Landes. (Thesen 85 ff.) Auch diese Partien sind sehr langatmig.

Ganz entscheidend ist nun Luthers Versuch, die jüdische Bestreitung der Messianität Jesu zu widerlegen. Juden bestreiten die Messianität Jesu und entsprechend ist für sie das Neue Testament nicht Gottes Offenbarung. Luther versucht nun, aus der hebräischen Bibel, die für Juden verbindlich ist, die Hauptbelege für Jesu Messianität durch die Exegesen von fünf alttestamentlichen Stellen zu erweisen. (Gen 49,10; 2. Sam 23,1–7; Jer 33,17–26; Hag 2,6–9; Dan 9,24). (ebd. 317 ff.)

Entscheidend ist: Er will durch die Auslegung dieser Stellen den historischen Nachweis der Messianität Jesu bringen. Dabei bleibt er in der traditionellen christlichen Auslegung und nennt die jüdischen Auslegungen durchweg „Lügen“. Es folgt dann nach den Exegesen, die den größeren Teil der Schrift ausmachen, ein Kapitel über die jüdischen Herabsetzungen der Person Jesu: Sie lügen über ihn, sie lästern und schmähen die Person Jesu, sie schelten ihn einen „Zauberer und Teufelszeug“. Und sie beschimpfen in ihren Synagogen generell die Christen. Sie bezeichnen Jesus als Hurenkind und verunglimpfen Maria als Hure, die vorzeitig empfangen und später noch andere Kinder gehabt habe. Die Frage, die sich nun für Luther ergibt, ist diese: „Was sollen wir Christen nun tun mit diesem verworfenen, verdammten Volk der Juden? Zu leiden ist's uns nicht, nachdem sie bei uns sind und wir solche Lügen, Lästern und Fluchen von ihnen wissen, damit wir uns nicht teilhaftig machen ihrer Lügen, Flüche und Lästerung. So können wir das unlöschliche Feuer göttlichen Zorns nicht löschen, noch die Juden bekehren. Wir müssen mit Gebet und Gottesfurcht eine scharfe Barmherzigkeit üben, ob wir doch etliche aus der Flamme und Glut erretten könnten. Rächen dürfen wir uns nicht. Sie haben die Rache am Halse, tausendmal ärger als wir ihnen wünschen möchten. Ich will meinen treuen Rat geben." (Bienert, 148)

Es folgen dann sieben Ratschläge an die politischen Machthaber, die in vollem Wortlaut zitiert seien (Bienert 149 ff.):

„Erstlich, dass man ihre Synagoge oder Schule mit Feuer anstecke und, was nicht verbrennen will, mit Erde überhäufe und beschütte, dass kein Mensch einen Stein oder Schlacke davon sehe ewiglich. Und solches soll man tun unserem Herrn und der Christenheit zu Ehren, damit Gott sehe, dass wir Christen sind und solches öffentliche Lügen, Fluchen und Lästern seines Sohnes und seiner Christen wissentlich nicht geduldet noch gewilligt haben. Denn was wir bisher aus Unwissenheit geduldet – ich hab's selbst nicht gewusst – wird uns Gott verzeihen. Nun wir es aber wissen und darüber frei vor unserer Nase den Juden ein solches Haus schützen und schirmen, darin sie Christus und uns belügen, lästern, fluchen, anspeien und schänden – wie droben gehört – das wäre ebenso viel als täten wir's selbst und viel ärger, wie man wohl weiß.

Zum andern, dass man auch ihre Häuser desgleichen zerbreche und zerstöre. Denn sie treiben eben dasselbige drinnen, das sie in ihren Schulen treiben. Dafür mag man sie etwa unter ein Dach oder Stall tun wie die Zigeuner, auf dass sie wissen, sie seien nicht Herren in unserem Lande, wie sie rühmen, sondern in Elend (=Ausland) und gefangen, wie sie ohne Unterlass vor Gott über uns Zeter schreien und klagen.

Zum dritten, dass man ihnen nehme alle ihre Betbüchlein und Talmudisten, darin solche Abgötterei Lügen, Fluch und Lästerung gelehrt wird.

Zum vierten, dass man ihren Rabbinern bei Leib und Leben verbiete, hinfort zu lehren. Denn solch Amt haben sie mit allem Recht verloren, weil sie die armen Juden mit dem Spruch Dtn 17 (10 ff.) gefangen halten, da er gebietet, sie sollen ihren Lehrern gehorchen bei Verlust des Leibes und der Seelen, so doch Moses daselbst klar hinzufügt: „Was sie dich lehren nach dem Gesetz des Herrn". Solches übergehen die Bösewichter und gebrauchen des armen Volks Gehorsam zu ihrem Mutwillen wider das Gesetz des Herrn, gießen ihnen solch Gift, Fluch und Lästerung ein ...

Zum fünften, dass man den Juden das Geleit und Straße ganz und gar aufhebe, denn sie haben nichts auf dem Lande zu schaffen, weil sie nicht Herren, noch Amtsleute, noch Händler oder desgleichen sind. Sie sollen daheim bleiben. Ich lasse mir sagen, es soll ein reicher Jude jetzt aufs Land reiten mit 12 Pferden (der will ein Kochab werden) und wuchert Fürsten, Herren, Land und Leute aus ...

Zum sechsten, dass man ihnen den Wucher verbietet und nehme ihnen alle Barschaft und Kleinod und lege es zur Verwahrung beiseite. Und dies ist die Ursache: alles, was sie haben – wie droben gesagt –, haben sie uns gestohlen und geraubt durch ihren Wucher, weil sie sonst keine andere Nahrung haben. Solches Geld soll man dazu brauchen (und nicht anders), wo ein Jude sich ernstlich bekehrt, dass man ihm davon auf die Hand gebe 100, 2, 3 Gulden nach Gelegenheit der Person, damit er eine Nahrung (Beruf) für sein arm Weib und Kindlein anfangen möge, und die Alten und Gebrechlichen damit unterhalte, denn solch böse gewonnenes Gut ist verflucht, wo man es nicht mit Gottes Segen in guten, nötigen Gebrauch wendet ...

Zum siebenten, dass man den jungen starken Juden und Jüdinnen in die Hand gebe Flegel, Axt, Karst, Spaten, Rocken, Spindel und lasse sie ihr Brot verdienen im Schweiß der Nasen, wie Adams Kindern (Gen 3,19) auferlegt ist. Denn es taucht nicht, dass man sie uns verfluchte Gojim (Heiden) wollten im Schweiße unseres Angesichts arbeiten lassen und sie, die heiligen Leute, wollten es hinter dem Ofen mit faulen Tagen, Festen und Pomp verzehren."

Noch einmal zusammengefasst:

1. Anstecken der Synagogen und Schulen
2. Zerstörung ihrer Häuser und Konzentration in Judenhäusern
3. Konfiskation der Betbücher und des Talmuds
4. Verbot der Lehre durch Rabbiner
5. Aufheben des Geleites auf Straßen und des Aufenthaltes auf dem Lande
6. Verbot des Wuchers, Beschlagnahmung ihrer Gelder
7. Arbeitspflicht für Juden und Jüdinnen

Was auch in dieser Schrift der „harten Barmherzigkeit" nicht vorkommt – das sei noch einmal gesagt –, ist die Aufforderung, Juden individuelle körperliche Gewalt anzutun, sie zu töten oder sie zu verbrennen. Was die Obrigkeiten aber nun als erstes tun sollen, ist die Ausweisung aller Juden aus den Städten und Ländern:

„Unseren Oberherren, die Juden unter sich haben, wünsche ich und bitte, dass sie eine solche scharfe Barmherzigkeit gegen diese elenden Leute üben wollten … Will das nicht helfen, müssen wir sie wie die tollen Hunde ausjagen, damit wir nicht ihrer gräulichen Lästerung und aller Laster teilhaftig mit ihnen Gottes Zorn verfielen und verdammt werden … Meines Gutdünkens wills da hinaus: sollen wir von der Juden Lästerung rein bleiben und nicht teilhaftig werden, so müssen wir geschieden sein und sie aus unserem Lande vertrieben werden. Sie mögen daran denken, in ihr Vaterland zu kommen (nach Palästina auswandern). Dann dürfen sie nicht mehr vor Gott über uns schreien und lügen, dass wir sie gefangen halten: wir auch nicht klagen, dass sie uns mit ihrem Lästern und Wucher beschweren. Dies ist der nächstliegende und beste Rat, der beide Partner in solchem Fall sichert … Wenn ich Macht hätte über die Juden, wie unsere Städte und Fürsten haben, wollte ich diesen Ernst mit ihrem Lügenmaul spielen." (Bienert 154)

Luther war sich der Härte seiner antijüdischen Position und der Härte seiner Forderungen an die Obrigkeit durchaus bewusst. Am Ende schreibt er: „Es ist der Zorn Gottes über sie gekommen, woran ich nicht gern denke, und mir dies Büchlein zu schreiben nicht fröhlich gewesen ist … Ach Gott, himmlischer Vater, wende dich und lasse deines Zornes über sie genug gewesen und ein Ende sei, um deines lieben Sohnes willen … So hat auch hierin, hoffe ich, ein Christ, der sonst nicht Lust hat, ein Jude zu werden, so viel, dass er sich der blinden, giftigen Juden nicht allein wohl erwehren kann, sondern auch der Juden Bosheit, Lügen, Fluchen muss fein werden und begreifen, dass ihr Glaube nicht allein falsch, sondern sie gewisslich mit allen Teufeln besessen sind. Christus, unser lieber Herr, bekehre sie barmherziglich und erhalte uns in seiner Erkenntnis, welches das ewige Leben ist, fest und unbeweglich. Amen." (157)

Es gibt nun eine umfangreiche Literatur über die Frage, warum aus Luther, dem Judenfreund am Beginn der Reformationszeit, der Judenfeind Luther am Ende seines Lebens geworden ist. Diesen Umorientierungsprozess von 1523 – 1543 kann man anhand der Fülle seiner Aussagen zur jüdischen Theologie relativ gut rekonstruieren.

Bis zu seinem Lebensende am 18. Februar 1546 in Eisleben hat ihn das Thema Judentum beschäftigt. Nach seiner letzten Predigt am 15. Februar (also drei Tage vor seinem Tod) schreibt er eine „Vermahnung wider die Juden" als Kanzelabkündigung. Sie fasst noch einmal zusammen, worin seine Motive gelegen haben, an seinem Lebensende eine solche Position zu den Juden zu beziehen, die in entscheidenden Partien die Widerrufung der Schrift von 1523 sein dürfte. Es heißt dort:

„Nun ist's mit den Juden also getan, dass sie unsern Herrn Jesus Christus täglich nur lästern und schänden. Dieweil sie das tun und wir es wissen, so sollten wir es nicht leiden. Denn soll ich den bei mir leiden, der meinen Herrn Christus schändet, lästert und verflucht, so mache ich mich fremder Sünden teilhaftig, so ich doch an meinen eigenen Sünden genug habe. Darum sollt ihr Herren sie nicht leiden, sondern wegtreiben. Wo sie sich aber bekehren, ihren Wucher lassen und Christus annehmen, so wollen wir sie gerne als unsere Brüder halten. Anders wird nichts daraus, denn sie machen's zu groß. Sie sind unsere öffentlichen Feinde, hören nicht auf, unsern Herrn Jesus Christus zu lästern, halten die Jungfrau Maria eine Hure, Christum ein Hurenkind. Uns heißen sie Wechselbälge und Mahlkälber, und wenn sie uns alle töten könnten, so täten sie es gerne und tun's auch oft, sonderlich die sich für Ärzte ausgeben, ob sie gleich je zu Zeiten helfen. Denn der Teufel hilft doch zuletzt versiegeln. So können sie auch die Arznei, so man in Welschland kann, da man einem ein Gift beibringt, davon eher in einer Stunde, in einem Monat, in einem Jahr, ja in zehn oder zwanzig Jahren sterben muss. Die Kunst können sie.

Darum seid unverworren mit ihnen als mit denen, die da nichts anders bei euch tun, denn dass sie unseren lieben Herrn Jesus Christus gräulich lästern, stehen uns nach Leib, Leben, Ehre und Gut. Noch wollen wir die christliche Liebe an ihnen üben und für sie bitten, dass sie sich bekehren, den Herrn annehmen, den sie vor uns billigerweise ehren sollten. Welcher solches nicht tun will, da setze es in keinen Zweifel, dass der ein verböster Jude ist, der nicht ablassen wird, Christum zu lästern, dich auszusaugen und – wo er kann – zu töten.

Darum bitte ich, wollet euch fremder Sünde nicht teilhaftig machen. Ihr habt Gott genugsam zu bitten, dass er euch gnädig sei und euer Regiment erhalte, wie ich noch täglich bete und beuge mich unter den Schirm des Sohnes Gottes. Den halte und ehre ich für meinen Herrn, zu dem muss ich laufen und fliehen, wo mich der Teufel, die Sünde oder anderes Unglück anficht. Denn er ist mein Schirm, soweit Himmel und Erde ist, und meine Gluckshenne, darunter ich krieche vor Gottes Zorn. Darum kann ich mit den verstockten Lästerern und Schändern dieses lieben Heilands keine Gemeinschaft noch Geduld haben.

Das habe ich als ein Landeskind euch zur Warnung wollen sagen zu letzte, damit ihr euch fremder Sünde nicht teilhaftig macht. Denn ich meine es ja gut und treulich mit beiden, mit den Herren und Untertanen. Wollen die Juden sich auch zu uns bekehren und von ihrer Lästerung und was sie sonst getan haben, aufhören, so wollen wir es ihnen gerne vergeben. Wo aber nicht, so sollen wir sie auch bei uns nicht dulden noch leiden". (Bienert 176 f.)

Das waren Luthers letzte Worte zum Problem Juden – Christen. Zum Schluss biete ich zur Diskussion einige vorläufige Thesen zum Verständnis und zur Beurteilung Luthers an:

1. Es gibt bei allen Veränderungen der Urteile Luthers über das Judentum ein Kontinuum: Luther hat in der Religion des Judentums keine „legitime Auslegungs- und Lebensgestalt der biblischen Überlieferung des Alten Testaments" (Thomas Kaufmann) gesehen. Von seinem theologischen Selbstverständnis her hat er das Alte Testament konsequent christologisch ausgelegt. Der jüdischen Religion konnte er kein eigenständiges Existenzrecht geben. Das Ziel war ihre Überwindung durch die Bekehrung zur Wahrheit der neutestamentlichen Verkündigung.

2. Der Irrtum der Juden in ihrer Schriftauslegung lag für Luther in der Weigerung, die messianischen Aussagen des Alten Testaments anzuerkennen und in Jesus den verheißenen Messias zu erkennen. Die Geschichte von der Kreuzigung Christi an durch die Jahrhunderte hindurch zeigte ihm, dass Gottes Treue zu seinem Volk weiter besteht, dass aber auf Grund ihrer Verwerfung des Messias sein Volk die ihm von Gott auferlegten Strafen tragen muss. Das Leiden der Juden in der Geschichte hat also seinen letzten Grund in ihrer Verstocktheit gegenüber dem Angebot, in Jesus als dem Christus Gottes die Erfüllung ihrer eigenen Hoffnungen auf die Rettung der Welt und ihrer Menschen zu sehen.

3. Luther hat zunächst daraus den Schluss gezogen, zum einen durch seine exegetischen Bemühungen zum Alten Testament Juden von ihren Irrtümern zur Wahrheit der christlichen Auslegung zu führen, zum andern aber sie nach den Zeiten blutiger Verfolgungen als Menschen zu behandeln und ihnen die Möglichkeit zur Integration in die Gesellschaft zu geben. Dazu entwickelte er ein Missions- und Handlungskonzept, das es so in der Kirchen- und Rechtsgeschichte noch nie gegeben hatte.

4. Die Erwartungen Luthers, dass durch seine reformatorische Theologie als Befreiung von päpstlicher Gewissenstyrannei die Juden sich für seine reformatorische Interpretation des Ereignisses Gott in

Christus öffnen würden, erfüllte sich nach seinen Erfahrungen nicht, sondern das Judentum verstärkte in seiner Beobachtung sein Selbstbewusstsein und seine Aktivitäten und verstand sich immer mehr auch als Widerpart zum reformatorischen Glauben. Das Judentum blieb für Luther eine Religion der Werkgerechtigkeit und der Selbstrechtfertigung und eine Religionsgemeinschaft, die sich bewusst exklusiv zu ihrer Umwelt verhielt.

5. Der Zentralpunkt des eigenen Glaubens und seiner Theologie – die von der Christologie her bestimmte Rechtfertigungslehre – war für ihn die Wahrheit der Schrift und als solche seine eigene Wahrheit. Diese aber wollten und konnten die Juden mehrheitlich nicht akzeptieren. Für ihn bildete sich ein theologisches und religiöses Entweder-Oder heraus. Ein Religionsdialog hatte keine Chancen. Die durchweg negative Beurteilung des Talmud durch Luther verhinderte ebenso ein Religionsgespräch wie die jüdische Verweigerung, sich ihrerseits mit dem Neuen Testament und mit der christlichen Religions- und Dogmengeschichte auseinander zu setzen.

6. In dem Maße, wie Luther die Aussichtslosigkeit seines anfänglichen Missionskonzeptes sah, wurde die im Kern religiöse Wahrheitsfrage unter den Bedingungen sich ausbildender städtischer und territorialer, konfessionell geschlossener Einheiten zur religionspolitischen Frage, zur ordnungspolitischen Frage des christlichen Gemeinwesens. Dass jüdischer Geist und jüdische Lebensweise innerhalb eines corpus christianum ein Existenzrecht haben könnten, konnte von ihm angesichts seines eigenen exklusiven Wahrheitsanspruchs nicht gedacht werden.

7. Wenn die Frage nicht religiös gelöst werden konnte, mussten die Obrigkeiten auch als Hüter der inneren Ordnung ihrer Gemeinwesen aufgefordert werden, mit ihren Mitteln das anders nicht lösbare Problem zu lösen. Luthers sieben Ratschläge richten sich an die politischen Machthaber, die nach seiner Auffassung eine umfassende

Ordnungsaufgabe haben, also auch die Verantwortung für die äußeren Regelungen des Religionslebens tragen. Als sich christlich verstehende Obrigkeiten haben sie die Pflicht, den Juden mit ihren antichristlichen religiösen Inhalten und ihren ökonomischen Wuchermethoden keinen Wohn- und Rechtsraum mehr zu geben. (Anmerkung: Dieses Amt der Obrigkeit zu geben, stand im Widerspruch zu seinen früheren Aussagen, die von einer klaren Unterscheidung der Funktionen der weltlichen und geistlichen Ämter ausging.)

8. Mit seinen radikalen Ratschlägen an die Obrigkeit, die Judenproblematik mit gewalttätigen Methoden und mit der Ausweisung aus evangelischen Territorien zu lösen, steht Luther eindeutig gegen seinen anfänglichen Entwurf seiner „Zwei-Regimenten-Lehre." Er meint, nach den schlechten Erfahrungen mit dem Verhalten der Juden das Recht zu haben, seine theologische Unversöhnlichkeit in praktische Unversöhnlichkeit umsetzen zu müssen. Dabei hatte er ein gutes Gewissen, galt es doch den unversöhnlichen Gegenspieler des christlichen Glaubens und der christlichen Moralität wie einen „Teufel" auszutreiben. Die Bindung an die in Christus erkannte und bekannte Wahrheit ließ ihn in der Abwehr der das Evangelium und die Kirche bedrohenden Judenheit zu Mitteln der „harten Barmherzigkeit" greifen, exekutiert durch die evangelischen Obrigkeiten.

9. Luther nahm in seine Argumentationsketten von 1543 die von ihm 1523 abgelehnten mittelalterlichen und frühneuzeitlichen Stereotypen wieder auf; neben dem Vorwurf der Wucherei die ewige, in ihrem Blut begründete Fremdheit in den Gastländern, die Ritualmordanklage, die Vorstellung einer internationalen Verschwörung der Juden zur Unterdrückung der Christen, die Verdächtigungen jüdischer Ärzte und anderes – er wurde wieder anfällig für die zwanzig Jahre zuvor abgelehnten Judenstereotypen. Sie aber haben nichts zu tun mit seinem theologischen Antijudaismus, sie konnten sich aber mit ihm verbinden und vermengen. Die Aufnahme dieser antijüdischen Stereotypen in seine theologisch begründete Judenfeindschaft be-

wirkte dann durchaus eine Affinität zwischen dem Antijudaismus des Reformators und dem späteren neuzeitlichen Antisemitismus. Mit der ihm gegebenen sprachlichen Kraft kannte er bald keine Grenzen mehr in der Polemik gegen die Irrtümer und „Lügen" der Juden wie gegen ihre zersetzenden Tätigkeiten in den christlichen Gastländern. Um die Christenheit vor diesen „Teufeln", die alles durcheinander bringen, zu retten, verlor er die Fähigkeit differenzierender Argumentation. Die Diabolisierung der Juden bezog sich nun auf ihre Religion wie auf ihre Existenzweise. Eine apokalyptische Angst vor dem Geist der „Kinder Satans", der Juden, entlud sich in flammendem Hass und in aggressiver Intoleranz, auch wenn er zugleich immer wieder auf die bleibende Hoffnung ihrer endzeitlichen Umkehr als Volk Gottes hinwies.

10. Es wäre zu fragen, welche Wirkungsgeschichte die jüngeren und die älteren Judenschriften in der Geschichte der kommenden Jahrhunderte bis in die Zeit des Nationalsozialismus gehabt haben. Doch das wäre ein neues Thema, dem man aber nicht ausweichen sollte.

Literatur (Auswahl)

Für die Luthertexte benutzt habe ich den XX. Band der Ausgabe von J. G. Walch 1890–1910. Nachdruck Groß Oesingen 1986, weil diese Lutherausgabe alle Schriften „wider die Irrtümer, Lästerungen und Greuel der Juden und Türken" enthält.

Aland, Knut (Hg.): Die Werke Martin Luthers in neuer Auswahl für die Gegenwart, Stuttgart/Göttingen, 1959 ff.
Bienert, Walther: Martin Luther und die Juden, Frankfurt/Main 1982
Detmers, Achim: Reformation und Judentum, Stuttgart 2001
Kaufmann, Thomas: Luthers „Judenschriften", Tübingen 2011
Ders.: Luthers Juden, Stuttgart 2014
Lewin, Reinhold: Luthers Stellung zu den Juden, Berlin 1911, Neudruck Aalen 1973
Obermann, Heiko: Wurzeln des Antisemitismus, Berlin 1981
Ders.: Luther. Mensch zwischen Gott und Teufel, München 1982
Osten-Sacken, Peter von der: Martin Luther und die Juden, Stuttgart 2002
(In allen acht Bänden finden sich weiterführende bibliographische Hinweise.)

Luther, der Protestantismus und der Holocaust

In seiner Schrift „Von den Juden und ihren Lügen" (1543) fordert Luther die Obrigkeiten auf, folgendes zu unternehmen:
1. Anstecken der Synagogen und Schulen
2. Zerstörung ihrer Häuser und Konzentration in Judenhäusern
3. Konfiskation der Betbücher und des Talmuds
4. Verbot der Lehre durch Rabbiner
5. Aufheben des Geleites auf Straßen und des Aufenthaltes auf dem Lande
6. Verbot des Wuchers, Beschlagnahmung ihrer Gelder
7. Arbeitspflicht für Juden und Jüdinnen

Seine Erklärung dazu lautet: „Unseren Oberherren, die Juden unter sich haben, wünsche ich und bitte, dass sie eine solche scharfe Barmherzigkeit gegen diese elenden Leute üben wollten ... Will das nicht helfen, müssen wir sie wie die tollen Hunde ausjagen, damit wir nicht ihrer gräulichen Lästerung und aller Laster teilhaftig mit ihnen Gottes Zorn verfielen und verdammt werden ... Meines Gutdünkens wills da hinaus: sollen wir von der Juden Lästerung rein bleiben und nicht teilhaftig werden, so müssen wir geschieden sein und sie aus unserem Lande vertrieben werden. Sie mögen daran denken, in ihr Vaterland zu kommen (nach Palästina auswandern). Dann dürfen sie nicht mehr vor Gott über uns schreien und lügen, dass wir sie gefangen halten: wir auch nicht klagen, dass sie uns mit ihrem Lästern und Wucher beschweren. Dies ist der nächstliegende und beste Rat, der beide Partner in solchem Fall sichert ... Wenn ich Macht hätte über die Juden, wie unsere Städte und Fürsten haben, wollte ich diesen Ernst mit ihrem Lügenmaul spielen." (Bienert, 154)

Diese Maßnahmen sollten dazu dienen, die Christen von der jüdischen Lästerung in Glaubensfragen und vom jüdischen Wucher zu befreien. Sie sollten dazu dienen, in den protestantischen Ländern und Stadtstaaten die Voraussetzungen für einen inneren religiösen und gesellschaftlichen Frieden zu schaffen.

Anfangs ist zu sagen, dass keine protestantisch sich verstehende Obrigkeit vom Ausgang der Reformationszeit an bis ins zwanzigste Jahrhundert hinein diese Forderungen zum staatlichen Gesetz und zu staatlicher Praxis gemacht hat. Das schließt nicht aus, dass es spontane örtliche Pogrome, physische Angriffe auf einzelne Juden oder auf Gruppen von Juden, Belästigungen und Beschimpfungen und vieles mehr durch die christliche Bevölkerung gegeben hat. Es hat durch alle Jahrhunderte hindurch eine alltägliche Judenfeindschaft, einen christlichen religiösen Antijudaismus und eine ökonomische, politische und kulturelle Judenfeindschaft gegeben. Auch in deutschen Landen hat es eine jüdische Leidensgeschichte gegeben.

Aber – und das ist die andere Seite – wir haben Geschichte nur in ihren Widersprüchen: es hat einen von einzelnen Christen und Juden getragenen langen Kampf um die Emanzipation der Juden, um ihre rechtliche Gleichstellung gegeben, die z. B. in Preußen zu zwei entscheidenden Rechtsformulierungen geführt hat:

Emanzipations-Edikt vom 11. März 1812:
s. Einleitung u. §§ 1, 3, 7, 8, 9, 20, 21–25, 30, 39 (Huber, Bd. 1, 45 ff.)
Die Juden sollen „gleiche bürgerliche Rechte und Freiheiten mit den Christen genießen". „Sie können daher akademische Lehr- und Schul-, auch Gemeindeämter, zu welchen sie sich geschickt gemacht haben, verwalten."

3. Juli 1869: „Alle noch bestehenden, aus der Verschiedenheit des religiösen Bekenntnisses hergeleiteten Beschränkungen der bürgerlichen und staatsbürgerlichen Rechte werden hierdurch aufgehoben. Insbesondere soll die Befähigung zur Teilnahme an der Gemeinde- und Landesvertretung und zur Bekleidung öffentlicher Ämter vom religiösen Bekenntnis unabhängig sein." (HH 2, 428 f.)
Vorher wurden nach der Gründung des Norddeutschen Bundes folgende Gesetze erlassen: Freizügigkeitsgesetz – freie Niederlassung – Möglichkeit des Erwerbes von Grundstücken – Aufhebung des Verbotes der Eheschließung zwischen Juden und Christen u. a.

Es ist die bürgerlich-liberale Emanzipationsbewegung im 19. Jahrhundert, zumeist getragen von liberalen Protestanten, die – geleitet von Prinzipien der philosophischen und politischen Aufklärung – in Kombattantenschaft mit jüdischen Denkern und Politikern die rechtliche Emanzipation der Juden erkämpft haben. Diese rechtliche bürgerliche Rechtsgleichheit ist im Kaiserreich und in der Weimarer Republik trotz der sich in den siebziger Jahren des 19. Jahrhunderts bildenden antisemitischen Bewegungen durch keine deutsche Regierung und durch kein deutsches Parlament bis 1933 aufgehoben worden. Weder der theoretische noch der praktische Antisemitismus hat trotz seiner nicht geringen Bedeutung im gesellschaftlichen und kulturellen Leben wie in seinem zahlreichen Schrifttum politisch-weltanschaulich die Mehrheit der Deutschen je bestimmt.

Das bedeutet: Eine konsequente Anwendung von Luthers judenfeindlichen Postulaten hat in der deutschen Geschichte bis 1933 keine große Chance gehabt.

Wie steht es nun mit dem von Christen getragenen politischem Antisemitismus, der im Kaiserreich seine entscheidende Figur in Adolf Stoecker (1835 – 1909) gehabt haben dürfte? Dieser gehört zu der sich in den siebziger und achtziger Jahren des 19. Jahrhunderts bildenden Vielzahl von antisemitisch eingestellten Professoren, Journalisten und Parteien. Zwischen 1870 und 1882 erscheint eine Flut von Büchern, Broschüren und Zeitungsartikeln gegen die zeitgenössischen modernen Juden, die als fremdstämmige Rasse mit ihrem Geist und mit ihrer Praxis tief in die überkommene deutsch-germanische und deutsch-christliche Lebens- und Denkkultur eingedrungen seien und sie zu zerstören drohten.

Es sind in Sonderheit politisch-konservative Denker, Journalisten und Politiker, die gegen das moderne emanzipierte, politisch-liberale Judentum polemisieren. Für sie ist das moderne emanzipierte und säkulare Judentum, das sich von seiner traditionellen Religion schon längst verabschiedet hat, Träger eines Geistes, der einen konsequenten liberal-ökonomischen Besitzindividualismus vertritt und den Sinn des Lebens in der persönlichen Bereicherung sieht. Sie argumentieren: Die

Juden sind durch Bismarcks Wirtschaftspolitik die entscheidende Trägerschicht des Kapitalismus geworden: Ihre Domäne sind Banken, von denen die industrielle und landwirtschaftliche Produktion sowie der Großhandel abhängig sind. Sie sind zugleich die Herren der Börsen und betätigen sich als Börsenspekulanten. Auch die meisten Fabrikanten und Händler sind zumeist Juden. Politisch gehören sie zur Nationalliberalen Partei, die einen sozialen Staatsinterventionismus ablehnt. Gegen Bismarcks judenfreundliche Politik richtet sich die Polemik der konservativen Kreise, die ihre traditionelle Vormachtstellung im Staat, in der Gesellschaft und in der Ökonomie bedroht sehen. Was nun auffällt, ist dies: Das Judentum als Religion interessiert diese konservative Fraktion am Rande, ihr Gegner ist das ökonomisch und politisch immer stärker werdende zeitgenössische assimilierte und emanzipierte Judentum.

Stoeckers Antisemitismus

1879 greift Stoecker in die Berliner Judendebatte ein. 1880 unterschreibt er die sog. Antisemitenpetition, die von Bismarck fordert,

„1. die Masseneinwanderung von Juden, besonders von Osten her, zu erschweren; 2. die Geschäftszweige, welche, wie Börsen, Banken und Zeitungswesen, von den Juden und den zu jüdischen Anschauungen verführten Individuen zur Ausbeutung des deutschen Volkes benutzt werden können, kontrolliert und möglichst hoch besteuert werden; 3. die amtlichen Berufskreise, deren Autorität durch das Eindringen jüdischer Anschauungen gefährlich wird, etwa mit dem Rechte der Wahl … gesetzliche Garantien für die völlige Ausschließung aller Juden von obrigkeitlichen Ämtern und Befugnissen geboten werden." (Br. Stoecker 2, 53)

Stoecker gerät mit seinem „christlichen Antisemitismus" in den achtziger Jahren in die Auseinandersetzung mit den radikalen antisemitischen Parteien und Gruppierungen. Mit seiner im Jahre 1878 gegründeten Christlich-Sozialen Arbeiterpartei, die zur Deutschkonservativen Partei gehörte, steht er in ständiger politischer Auseinandersetzung mit der Vielzahl radikaler antisemitischer Positionen. 1889 formuliert er in einem Flugblatt sein Programm. Darin steht unter anderem:

– Einschränkung der Anstellung jüdischer Richter nach der Verhältnis-
   zahl der jüdischen Bevölkerung
– Entfernung der jüdischen Lehrer aus den Volksschulen
– Da Aufhebung der Emanzipation nicht möglich ist, Brechen der jü-
   dischen Übermacht im Erwerbsleben durch soziale Reformpolitik
– Änderung des Aktiengesetzes
– Einführung einer Börsensteuer und von Wuchergesetzen, Verbot des
   Hausierhandels

„Alles, was gegen die rücksichtslose Gewinnung der jüdischen Geld-
macht gerichtet ist, muss konsequent getan werden." (Br. Stoecker 2,
193 f.) Und noch dieses: „Gegen das Übergewicht der Juden in Presse
und Literatur ist einzuschreiten, Verhinderung des Eindringens von
Juden in den Lehrberuf und in die Justiz". Und dies alles soll auf dem
Wege über die Schul- und Justizverwaltung („Berufs- und Verwaltungs-
antisemitismus") geschehen.

Worum geht es Stoecker? Um die Ausschaltung jüdischen Einflusses
auf das gesamte deutsch-christliche Leben. Es geht um die Gettoisierung
der Juden, um ihre Randstellung im nationalen Leben. Es geht ferner
um die Verhinderung der Ausplünderung des „kleinen" Mannes und
gegen die mit dem modernen glaubenslosen Judentum verbundene an-
gebliche religiöse und sittliche Verwilderung.

Seine Gesamtanalyse: „Während auf der einen Seite das jüdische
Kapital unserm Volke zum Unheil gereicht, sind auf der anderen Seite
vom Judentum die Agenten ausgegangen, um unser Volk unzufrieden
zu machen. Ich brauche da nur die Namen Marx und Lassalle zu nennen,
um Ihnen klar zu machen, dass die Sozialdemokratie ihrem geistigen
Ursprung wie ihrer agitatorischen Kraft nach vom Judentum ausging."
(Br. Stoecker 1, 205)

Juden seien die Praktiker des ungehemmten Kapitalismus und zugleich die Agitatoren für den marxistischen Sozialismus. Der Kampf
gegen das Judentum ist für Stoecker ein Zweifrontenkrieg: gegen die
säkularistische, materialistisch-atheistische Denk- und Handlungswei-
se des modernen Judentums und gegen die politisch-revolutionäre

Sozialdemokratie, die denselben Geist hat wie das emanzipierte religionslose Judentum.

Aber Stoecker spricht ein klares Nein zur Gewalt. Im Zusammenhang russischer Pogrome formuliert er: „Dass wir das bedauern, dass uns jede Gewalttat, die gegen Israeliten begangen wird, jede Feuersbrunst, die ein israelitisches Haus verzehrt, jede Rohheit, die gegen Juden geübt oder auch nur geplant wird, in tiefster Seele missfällt, das brauche ich hier, wo deutsche Männer versammelt sind, nicht erst zu versichern. Wir verabscheuen solche Taten…" (Br. Stoecker 1, 204)

Und an anderer Stelle: „Wir wollen uns nicht rächen, keine Gewalt ausüben, nicht einmal persönlich beleidigen. Aber wir werden die Überzeugung nicht aufgeben, dass wir, wenn wir für die Grundlagen unserer deutschen Kultur einstehen, rechtschaffen handeln; das ist nicht bloß unser Recht, das ist unsere Pflicht." (ebd.)

Stoecker hat sich mit der Religion des Judentums kaum beschäftigt. Er sagt: „Die Judenfrage ist für mich keine religiöse Frage, keine Rassenfrage, seitdem die völlige Emanzipation eingetreten ist, auch keine staatsrechtliche Frage mehr; sie ist eine sozialethische." (ebd. 216)

Um der Verbesserung der sozialen Lage der Industrie- und Landarbeiter willen steht er gegen den Manchesterkapitalismus, der durch ökonomische Ausbeutung der arbeitenden Schichten und durch die finanzielle Abhängigkeit der Handwerker und Landbesitzer die Mehrheit des Volkes verarmen lässt. Hauptakteure dieses Manchesterkapitalismus sind die jüdischen Bank- und Börsenakteure. Ihnen müsse durch eine konsequente staatliche Sozialpolitik das Handwerk erschwert und am Ende aus den Händen genommen werden.

Was zu sehen ist: Stoecker wollte die Judenfrage auf reformerischem Wege lösen. Er war kein radikaler Rassenantisemit. Formen der individuellen Gewaltanwendung lehnte er ab. Mit dem späteren Rassenantisemitismus als Vernichtungsantisemitismus hat er nichts zu tun. Für die spätere Praxis der nationalsozialistischen Judenvernichtung kann er nicht als Vorläufer betrachtet werden. Und dieses: Bei ihm sind die antijüdischen Schriften Luthers nicht einmal erwähnt. Keine der das jüdische Eigenleben zerstörenden Forderungen Luthers an die Obrigkeiten finden sich bei Stoecker, außer dem Verbot des Wucherns. Für die Entwicklung eines aggressiven Antisemitismus, der zum national-sozialistischen Vernichtungsantisemitismus führte, ist der Rassenanti-semitismus verantwortlich gewesen.

Der Rassenantisemit Eugen Dühring

Ein deutscher Klassiker des rassischen Antisemitismus ist der Berliner Privatdozent für Philosophie und Nationalökonomie Eugen Dühring (1833–1921). Ende 1880 erschien sein Buch „Die Judenfrage als Frage der Racenschädlichkeit für Existenz, Sitte und Kultur der Völker", das schon 1881 eine „zweite verbesserte" Auflage hatte. Bis 1930 hat es sechs Auflagen. Entstanden ist es aus Vorträgen, die er in den Jahren zuvor gehalten hatte. Seinem Selbstverständnis gemäß sollte es die wissenschaftlich gründlichste und politisch konsequenteste Schrift im Spektrum des neueren Antisemitismus sein.

In dem ersten Kapitel seines Buches „Gesellschaftliches Aufkommen der Juden in der neusten Zeit" betont Dühring zunächst, dass er die Judenfrage konsequent als Rassenfrage und nicht als Religionsfrage behandeln will. Jeder „Obscurantismus der Religion" soll ausgeschlossen werden. Zur Diskussion stehen allein die Juden mit ihren „aus der Rassennatur entwickelten Kultureigenschaften". Zur Analyse stehen die Juden als „die übelste Ausprägung der ganzen semitischen Rasse zu einer besonders völkergefährlichen Nationalität".

Die Rassenjuden haben einen von der Natur mitgegebenen unveränderlichen und unaufhebbaren Charakter. Auch die christliche Taufe oder der Abschied von jeglicher Religion ändern nichts an den völkischen Eigenschaften der Juden. Juden können deshalb nur naturwissenschaftlich behandelt werden. Wie ihre „Naturtriebe" sind, so sind auch „die Kulturformen". Juden können mit anderen Rassen nicht kommunizieren. Sie sind von „angestammter und unablegbarer Verderbtheit" Sie sind korrupt. Sie machen sich vorhandene Krisensituationen zunutze. Sie sind Parasiten im Schmutz der Zeit.

„Der Jude" benutzt die moderne Freiheit und das moderne Menschenrecht im Sinne seiner geschäftlichen Interessen zur „Ausdehnung seiner Geschäftsherrschaft." Sein Bedürfnis nach Emanzipation lässt ihn in liberalen und radikalen Parteien aktiv sein. Er benutzt die Politik und die Parteien, um durch sie seine Judenherrschaft zu errichten. Die Presse ist ein Werkzeug seiner Politik geworden. Das Literaturgewerbe ist von ihm abhängig. Unter dem Schein des Liberalismus hat sich die Judenpresse als eine „Impfmaschinerie" erwiesen, um sich in der Gesellschaft und im Staate zur Herrschaft zu bringen.

Der Jude ist nie für allgemeine Freiheit eingetreten, sondern ist „stets monopolsüchtig. Das auserwählte Volk will schließlich auch immer auserwählte Rechte haben." Er will Geschäfts- und Vertragsfreiheit, um Ausbeutung und Wucher treiben zu können. Er setzt seinen Aneignungstrieb ein, um aus allen Möglichkeiten Geld und Kapital zu machen. Auch als Ärzte wollen sie an staatlichen Zwangsmaßnahmen verdienen.

Das Ergebnis ist klar: Überall, wo die „hebräischen Urtriebe" zur Wirkung kommen, müssen die betroffenen Völker auf sie reagieren. Denn die Juden haben ihnen nur Übles gebracht.

Das zweite Kapitel hat die Überschrift: „Charakterspiegelung in Religion und Moral". Die Ausgangsthese: Religion spiegelt die „Volkstriebe und Volksgedanken" der Völker wider, d. h.: „Die Götter sind Menschenabbilder und Völkerspiegel".

Im Falle der Juden gibt es – so Dühring – das weit verbreitete Dogma von der religiösen Genialität und Klassizität der Juden und von der auserwählten jüdischen Religion. Selbst aufgeklärte und religionslose Juden hängen noch diesem Aberglauben an. Dagegen: Die reale Moral der Juden mit ihrer Gemeinschädlichkeit ist naturwüchsig und unveränderbar. Der Text zu dieser Feststellung ist nicht erst der Talmud, sondern das Alte Testament. Und dieses Buch ist als Beigabe zum Christentum den Deutschen ein „fremdes Buch". Judenkritik ist nicht am Talmud zu üben, sondern an den biblischen Geschichten des Alten Testaments. Dieses kann durch seine Texte aufklären, wer und was die Juden sind.

Und eines muss nach Dühring von Anfang an völlig klar sein: Die Kritik am Alten Testament trifft das geschichtliche Christentum, das seine Herkunft aus dem Judentum nicht verleugnen kann, in gleicher Weise. Wenn das Christentum „wesentlich selbst Hebraismus" ist, so ergibt es eine „komische Situation", „mit dem neuen Testament in der Hand und unter Hinweisung auf den Judäer am Kreuz die heutigen Hebräer bekämpfen und Antisemitismus treiben (zu) wollen ... Ein Christ, wenn er sich selbst versteht, kann kein ernsthafter vollständiger Antisemit sein." Es ist ein „Pseudoantisemitismus". (gegen Stoecker)

Seitenweise versucht Dühring nachzuweisen, dass der Gott der Juden „der Spiegel seines Volkes ist". Der Judengott ist unduldsam, er duldet keine anderen Götter neben sich. Er ist Monopolist und Egoist. Er will absoluter Herr sein und kennt keine freien Menschen. Die jüdische Religion ist eine Knechtsreligion. Macht und Herrentum ist ihr Kultus. Sie kennt keine Toleranz: „Ihre Religion ist die ausschließlichste und unduldsamste von allen; denn sie lässt im Grunde nichts gelten, als bloß die nackte Judenselbstsucht und deren Zwecke." Die Juden sind der „intoleranteste Volksstamm der Erde gewesen und sind es ..."

Dühring bemüht die griechische und römische Geschichte, um den Wahrheitsgehalt dieser Urteile zu belegen. Ein umfangreiches religionsgeschichtliches und politikgeschichtliches Material wird entfaltet, um die Objektivität der eigenen Urteile zu erweisen. Von dem zentralen „Prinzip der auserwählten Selbstsucht" her lässt sich die Rolle der Juden als eine Geschichte der Ungerechtigkeit beschreiben. Das Fazit: „Der Hebräer" hat nie ein Wissen von gut und böse gehabt. „Gerecht ist, was ihm beliebt, ungerecht, was ihm nicht beliebt."

Auch die Begegnung mit anderen Religionen, Nationen und Kulturen hat an dem Grundcharakter der Juden, wie er sich in ihrer Religion abbildet, nichts Wesentliches geändert. Auch Christus und seine Apostel haben keine grundlegenden Änderungen gebracht. Das Christentum gehört letztlich in den Gesamtzusammenhang des verderblichen Einflusses des Hebraismus. Auch sein Ausgangspunkt und sein Kern bleiben „mit den Schattenseiten von Moral und Phantastik des Hebräertums behaftet".

Deshalb kann nur das Fazit sein: „Wenn sich die moderne Völkergesellschaft, soweit sie vom Asiatismus hebräisch infizierter Religionen leidet, nicht zur völligen Ausscheidung dieses falschen Elements entschließt, bleibt auch sie, obwohl nicht in ihren Nationalitäten, so doch in ihrem geistigen Leben wenigstens einigermaßen ein Spiegel von äußerlich angenommenen Hebraismen."

Nach der grundsätzlichen Klärung der Verschränkung von Judentum und Christentum folgt ein drittes Kapitel mit aktuellen Analysen über die „Frage nach der Fähigkeit zur Wissenschaft" bei den Juden. Dührings Urteil ist sowohl im Blick auf die Geschichte wie im Blick auf die Gegenwart ein radikales: Die Juden haben in keiner Sparte der Wissenschaft und der Kultur etwas geleistet, da ihnen der Gedanke der Humanität fremd ist. Was sie können, ist Imitation für geschäftliche Zwecke. Sie sind nie Genies, sie haben höchstens Talent. Der einzige Jude, der Dühring zu Differenzierungen zwingt, ist Spinoza. Sein Fazit:

„Spinoza hat sich über sein Volk erhoben und einige Züge von philosophischer Ruhe bekundet. Er ist aber in der Hauptsache so tief in der religiösen und unwissenschaftlichen Art und Weise des Denkens und Empfindens stecken geblieben, dass er neuerdings weit mehr die Theologen als etwa eigentliche Philosophen beschäftigt."

Eindeutig fallen die Be- und Verurteilungen der jüdischen Schriftsteller Heinrich Heine und Ludwig Börne aus. Sie sind ihm „hässlich" und „widerlich". Sie gehören nur als Karikaturen zur deutschen Literaturgeschichte.

Verjudet ist vor allem die sozialdemokratische Presse. Die sozialistische Propaganda ist in ein Judengeschäft verwandelt worden. Was die Juden in der Presse und in der Literatur ausmachen, ist ihre Beschimpfung und Verhöhnung der deutschen Nation. Lassalle und Marx, die „jüdischen Agitatoren und Intriganten eines sogenannten Sozialismus", sind keine Wissenschaftler, sondern Plagiatoren. Sie haben „keine Originalität und kein Genie", sie sind „gelehrte Lumpensammler". Ihr Kommunismus würde das Aufgehen aller Völker in einem Judenreich bedeuten. Sind die Juden in Literatur und exakter Wissenschaft unproduktiv, so sind sie am auffälligsten im Literaturbetrieb. Hier können sie ihr korruptes Wesen und ihre Unmoral am besten entfalten.

Dühring steigert sich in stärkste Verdikte, wenn er auf Lessing zu sprechen kommt. Zunächst konstatiert er: „Seine schriftstellerischen Manieren und seine geistigen Allüren sind jüdisch. Seine literarischen

Erzeugnisse zeugen nach Form und Gehalt überall von der Judenhaftigkeit." In seinen Dramen und Stücken findet sich „Judengemäßes". Selbst die „Artikel gegen den Hamburger Pastor Goeze und der Nathan halten sich auf einem sehr niedrigen Geistesniveau. Sie sollen aufklärerisch sein, huldigen aber in Wahrheit einer verallgemeinerten Judenreligion. Unter dem Schutz des Eintretens für die Toleranz arbeiten sie für allgemeine Verjudung der Denkweise." Die zeitgenössische Hochschätzung Lessings ist für ihn ein „Beispiel für die Wirkungen der unverschämtesten Judenreklame." Deshalb gilt: „Eine Aufführung des Nathan kann demgemäß auch nicht mehr als Kunstakt, sondern nur als eine jüdische Demonstration gelten."

Völlig bar ist das jüdische Volk jeder „künstlerischen Phantasie". Zur Musik hat Richard Wagner das Nötige zu sagen versucht. Ansonsten ist dieses Gebiet ein Nebenschauplatz, da zunächst entscheidend sein wird, die „soziale und politische Untauglichkeit" der Juden zu dokumentieren. Das geschieht im vierten Kapitel. Auf dem politischen und sozialen Gebiet zeigt sich der Gegensatz von Juden und Deutschen am deutlichsten. Die Juden sind in jeder Hinsicht untauglich für Gesellschaftlichkeit und für Staatlichkeit.

Juden sind es gewesen, die ihre „angestammte Feindseligkeit gegen das Menschengeschlecht" gerade in Konflikt- und Krisenzeiten zum Ausspielen bringen. So predigen sie den Klassenkampf und den Klassenhass. Wenn David Ricardo für die Bourgeoisie geschrieben hat, dann Marx und Lassalle für das Proletariat.

Die Reaktion der Völker gegenüber den Juden in der Form des Judenhasses ist berechtigt, da er „dem Schädlichen, der Lüge, der Vergewaltigung und überhaupt dem Ungerechten" gilt. Auch die Aktivitäten in der Gesetzgebung hat bei den Juden nur ein Motiv: „Die Machtvermehrung des Judentums. Freiheitliche Ideen sind für den Juden nur Geschäftsvorwände. Für ihn ist bloße Emanzipation nur eine Etappe zur Herrschaft, zu faktischen Vorrechten und zu sanktionierten Monopolen." Das Volk Judas macht seine Geschäfte mit allen Parteien. Das klassische Beispiel ist wieder die Sozialdemokratie.

Der Nationalliberalismus ist vollends eine „Domäne des Judengeschäfts". Hier wirkt die Korrumpierung von Professoren durch die Juden am deutlichsten. Man stützt sich gegenseitig in seiner „geistigen Verkommenheit". Auch in der Frauenfrage wie überhaupt in der sozialen Frage treiben die Juden „eine Geschäftsagitation niedrigster Sorte."

Nachdem die Juden religiös, moralisch, politisch, ökonomisch und kulturell als Inbegriff des Destruktiven in der Geschichte und in der Gegenwart entlarvt sind, kann Dühring zu seinem fünften Kapitel mit der Überschrift „Weg zur Lösung" übergehen. Er meint, die „angestammte Unfähigkeit und üble Beschaffenheit des Judennaturells" hinreichend beleuchtet zu haben. Auf nationaler und internationaler Ebene müssen Maßnahmen ergriffen werden, um gemeinsam gegen die „schlechten Hebräereigenschaften" zu stehen.

Zunächst polemisiert er gegen die Berufung auf das Prinzip der Toleranz in der modernen Welt. Dieses kann in der Judenfrage wegen der abgrundtiefen Boshaftigkeit der jüdischen Rasse keine Rolle spielen. Wie notwendig die Abwehr gegen die Juden ist, zeigen ihm die „geheimen Nebenstücke des jüdischen sog. Gottesdienstes" mit ihren „sog. rituellen oder besser gesagt, gottesdienstlichen Morden an Individuen besserer Völker mit buchstäblicher Abzapfung des Blutes."

Dühring hält die Ritualmorde im Kern für wahr. Auch stimmt er der Vermutung zu, dass die „entzogene Blutmasse zu Gebäcken" verwendet wird, um dadurch den eigenen Herrschaftsanspruch über die Nicht-Juden symbolisch zu dokumentieren. Mit diesen Auslassungen und Vorwürfen reiht sich Dühring, der immer seine moderne Wissenschaftlichkeit betont, voll in die Reihe mittelalterlicher Legenden ein. Später sieht er sich durch die sog. Ritualmorde von Xanten und Tisza-Eszlar bestätigt. Er greift in diesem Zusammenhang zum Begriff der „Menschenteufel" als Charakterisierung der Juden. Diese Diabolisierung wird Konsequenzen haben für die Lösungsversuche, die Juden loszuwerden.

Wenn man sich Gegenmaßnahmen überlegt, so muss nach Dühring immer beachtet werden, dass die Judenfrage eine „Charakterfrage" ist. Man muss sich immer ihre Qualität vor Augen halten, wenn man das Richtige und Notwendige tun will. So haben die Juden mit den Menschenrechtsprinzipien und dem Gleichheitsgrundsatz Heuchelei betrieben. Unter diesen Masken haben sie die Geschäfte ihrer Auserwähltheit getätigt. Die Konsequenz aus allen Analysen: Wenn das Judentum eines der „niedrigsten und mißlungensten Erzeugnisse der Natur" ist, dann ist es geboten und berechtigt, Schaden und Gefahren für das Gemeinwesen abzuwehren.

Zu fragen ist, ob die jüdische Rasse verbesserungsfähig ist. Die Antwort kann nur negativ sein. Umerziehen kann man die Hebräer nicht, der „physiologisch eingewurzelte und konstitutiv gewordene Nationalcharakter" ist geschichtlich unaufgebbar. Es kann keine guten Juden geben. Die „Hebräische Stammesnatur" bleibt konstant.

Auch ein Religionswechsel ändert nichts: „Annahme des Christentums, auch wo sie ausnahmsweise einmal mehr als Geschäftssache sein mag, verwandelt den mosaischen Hebräer in einen christlichen, d.h. aus einem Althebräer in einen Neuhebräer."

Die Folge: Es bleibt nichts anderes übrig, als die Hebräer „in Zucht" zu nehmen, sie unter eine „Zuchtrute" zu stellen. Sie müssen unter eine Ausnahmegesetzgebung gebracht werden. Der Staat muss eine „Zuchtmeisterrolle" gegenüber den jüdischen Rasseeigenschaften, die nicht geduldet werden können, übernehmen. Der „Hebräerschmutz" muss eingedämmt und weggewischt werden. Die „Ausnahmeschädlichkeiten" der Juden sind nur mit „Ausnahmemitteln" zu behandeln.

In seinem abschließenden (sechsten) Kapitel „Nächste Mittel und letzte Ziele" wird Dühring konkreter. Es gilt: „In modernen Formen" und mit „modernen Mitteln" müssen die Ausnahmegesetze angewandt werden. Der Erfolg muss zunächst die zahlenmäßige Reduzierung der Juden sein und der Rückgang ihrer Bedeutung in Staat und Gesellschaft. Diese Arbeit wird hart sein. Es gilt: Wie eine „Verjudung" der Völker droht, so ist die „Entjudung" die Aufgabe. Beginnen kann man mit der Herstellung ihres proportionalen Anteils an öffentlichen Ämtern. Vor allem darf kein Deutscher von einem jüdischen Richter gerichtet werden.

Aber diese Reduktionsmittel sind noch keine endgültige Lösung des Problems. Juden, auch getaufte Juden, dürfen grundsätzlich nicht in höhere Ämter und in den öffentlichen Dienst kommen. Von jeder Gesetzgebungspraxis sind sie zu auszuschließen. Die Judenrasse ist verwaltungsgemäß zu überwachen. Vor allem aber muss ihr das Handwerk in ihrer „Rassenökonomie" gelegt werden. Ihre schmutzigen Gewerbe müssen überwunden werden, ihre Geld- und Wucherpraxis darf keine Chancen mehr haben. Ihre Gründereien und ihre Manipulationen mit dem Aktienhandel und ihr Anleihewesen müssen unterbunden werden. Zu brechen ist ihre gesamte nationale und internationale Finanzmacht. Zu organisieren ist eine „Mediatisierung der Hebräischen Finanzfürsten und entsprechenden Finanzinstitute". Sie sind unter Staatskontrolle zu stellen. In bestimmten Fällen ist eine „Sequestiation" oder eine „Konfiskation" anzuwenden.

Die nächste Hauptaufgabe ist die „Entjudung der Presse". Dazu gehört auch die Säuberung und Reinigung der Parteipresse. Einzurichten sind „Presspolizeiämter", die die Presseerzeugnisse überwachen und über die Aufnahme von Artikeln entscheiden. Die Entjudung der Presse hat zur Folge die Entjudung der Literatur und das Aufhören der „Judenreklame". Bei der Entjudung anderer Gewerbe soll man ähnliche Grundsätze und Praktiken anwenden. Die Eröffnung und Führung von Gewerbebetrieben wie das Hausiergewerbe sollen noch stärker polizeilich beaufsichtigt werden.

Vor allem aber geht es um eine Entjudung von Unterricht und Erziehung. Hebräer müssen einem totalen Unterrichtsverbot unterworfen werden. Nur in Hebräerschulen dürfen Hebräer unterrichten: „Das muss für alle Schichten des Unterrichts bis zur höchsten gelten."

Rassemischungen in der Form von Mischehen darf es nicht geben. Eine entsprechende Gesetzgebung ist konsequent anzuwenden. Zu vermeiden sind „jüdische Bastarde". Die Aufgabe ist die „Züchtung des besseren Typus" Es muss eine „gesellschaftliche Reinigung" erfolgen, um der Judenrasse keine Entfaltungsmöglichkeiten zu geben.

Auch die indirekten Hebräereinflüsse müssen durch eine „rationelle Hebräerkritik auch in den politischen und sozialen Parteien" Eingang finden. Der durchschnittliche Antisemitismus hat „mit dem Kampf gegen den Hebraismus" nichts zu tun. Was zu geschehen hat, ist eine „umfassend systematische und eindringlich radikale Aufklärungspropaganda gegen den Judeneinfluss", um den „Judenalp" zu beseitigen.

Am Ende seines Buches fasst Dühring noch einmal zusammen: Eine Ausnahmegesetzgebung muss als „spezialistische Gesetzgebung für Juden" entwickelt werden. Angesichts der „kolossalen Übel" muss ein „gesetzgeberischer Gesamtkampf mit lauter Ausnahmemitteln" Raum greifen. Wie man die Judenfrage nicht auf die soziale Frage reduzieren kann, so auch nicht auf die Religionsfragen. Die Religionsunterschiede sind für die moderne Entwicklung der Judenfrage ohne Bedeutung.

Im Blick auf die Zeitdauer der Entjudung sagt Dühring: „Die Judenfrage ist nicht mit den Mitteln eines einzelnen Jahrhunderts, sondern nur mit den modernisierten aller Jahrhunderte zu lösen. Hierauf beruht ihre weltgeschichtliche Beantwortung." Alle Nationen stehen vor der Aufgabe, „den weltgeschichtlichen Hebräeralp abzuschütteln."

In den nächsten Jahrzehnten wird der Rassenantisemitismus Dührings immer radikaler. Unverblümt spricht er von der Notwendigkeit der Ausrottung der Juden. Am Beginn des zwanzigsten Jahrhunderts schreibt er: „Angesichts der heutigen Sachlage geht es nicht mehr an, die Judenfrage als eine Frage der bloßen Einschränkung des Hebräervolks zu behandeln ... Im Hinblick auf die Unverbesserlichkeit eines verderblichen Nationalcharakters, der in aller Geschichte eigentlich nur ein einziges Geschäft, nämlich die Schädigung anderer Völker und aller bessern Menschheit betrieben hat, sind alle bloßen Eindämmungsmaßregeln unzureichend, so daß Sein oder Nichtsein schließlich die allein passende und entscheidende Fragestellung werden muß." (in: Personalist und Emanzipator, Nr. 26, 1900)

Dührings Interesse an wirtschaftlichen und politischen Systemfragen wird mit den Jahren völlig von der Rassenfrage als Kern aller Fragen einer neuen Gesellschaft in der Zukunft verdrängt. Ein biologistisches Denken gibt aller Soziologie und Politik die Inhalte und Aufgaben. So kann er im gleichen Jahr 1900 formulieren:

„Wer sich zum Ziel setzt, die Menschen und Völker dadurch zu reformieren, dass er deren persönliche Eigenschaften und maßgebende Charaktertypen umschafft, und wer dieses Umschaffen nicht etwa bloß auf halbem Wege, sondern durch alle gerechten Mittel der Ausscheidung und Vernichtung zu erreichen sucht, der eröffnet einen ganz andern

Kampf, als den, um den sich die Besitzkleinigkeiten drehen. Völkerausmerzungen wie beispielsweise gegenüber gemeinschädlichen Rassetypen hebräischer Analogie sind denn schon ein ganz anderes Programm, als irgendeine armselige, geistesbeschränkte und selber von der Raubgier erzeugte Communisterei." (ebd. Nr. 9, 1900)

Und 1911 formuliert er: „Die bessere Menschheit hat nicht bloß das Recht, den Rassenschädling auszumerzen, sondern es muss dies auch in einer Weise geschehen, die Genugtuung verschafft und den seit Jahrtausenden verübten Frevel rächt." (Personalist und Emanzipator Nr. 282, 1911). „Der Jude" ist ein „Unmensch", der, um der besseren Menschheit willen, ausgerottet werden muss. Die sittlich höher stehenden Völker haben dazu ein von der Geschichte her gegebenes Recht. Eine Vielzahl von Mitteln kann bei den „Säuberungs- und Abwehrarbeiten" angewandt werden. Als Verben tauchen auf: internieren, reduzieren, wegschaffen, vertreiben, ausrotten, vernichten, blutradikal durchgreifen, ausmerzen. (Übrigens: alle diese Verben kommen bei Luther und Stoecker nicht vor. Kein christlicher Antisemit hat die physische Ausrottung der Juden gefordert.)

Die Substantive bei Dühring heißen: Ausnahmegesetze, Entjudung der Presse, der Literatur, des Erziehungssystems, des Staatsapparates, Verbot der Kreuzung. Gegen das „jüdische Parasitentum" muss mit den „modernsten Mitteln der Desinfektion" eingegriffen werden. Gegen die „Ausgeburt des knechtischen Asiatismus", gegen die „Menschenteufel", die das „Urböse" fortwährend zeugen, hilft nur ein von den Staaten organisierter radikaler Befreiungsprozess. Das ist die Aufgabe des 20. Jahrhunderts.

Dühring ist der erste und konsequenteste Rassenantisemit, der eine radikale Handlungsstrategie gegen das „Hebräervolk" entwickelt. Er entfaltet ein gradualistisches Modell, das mit der gesellschaftlichen und der politischen wie rechtlichen Ausgrenzung beginnt und mit der physischen Liquidierung der Juden, die auch das Ende der jüdischen Religion und Kultur bedeutet, endet. Dies kann aber nicht das Werk einer einzelnen Nation sein, sondern ist eine universale Aufgabe. Die pädagogische Aufgabe sieht er darin, die Menschen permanent über den abgrundtief bösen und minderwertigen Charakter der Judenrasse aufzuklären, bei ihnen Abscheu, Widerwillen und Hass zu erwecken, um die Einsicht in die Notwendigkeit und Berechtigung des Verdrängungs- und Vernichtungsprozesses zu befestigen. Dühring hat vor dem Ersten Weltkrieg formuliert, was später Hitler exekutiert hat.

So folgenreich dieses Buch und andere mit wissenschaftlichem und moralischem Anspruch auftretende Veröffentlichungen gewesen sind, wirksamer gewesen ist eine Flut von antisemitischem Kleinschrifttum, das von Parteien und Verbänden unter's Volk gebracht wurde. Hier wird die populäre Sprache des alltäglichen Antisemitismus deutlich:

Die Eigenschaften der Juden: blutdürstig – gottesmörderisch – christlästerlich – aufrührerisch – revolutionär – diebisch – schmarotzerisch – durchtrieben – geizig – habgierig – grausam – halsstarrig – ruhmsüchtig – lasterhaft – unzüchtig – sexuell pervers – triebhaft – gierig – erzböse – verschlagen – listig – mammonistisch.

Metaphern für Juden: Schlangen – Blindschleichen – Affen –Säue – Füchse – Krokodile – Wölfe – Spinnen – Blutegel – Läuse – Raupen – Würmer – Ratten –Mäuse – Hechte – Bluthunde – stinkende Böcke – Heuschrecken – Ungeziefer – Unkraut – Bazillen – Krebsgeschwüre – Seuchenträger – Pesterreger – Schmarotzer – Vampyre.

Juden waren und sind: Diebe – Seeräuber – Einbrecher – Hehler – Taschendiebe – Betrüger – Wucherer – Schacherer – Gauner – Erpresser – Geldfälscher – Meineidige – Hausierer – Kuppler – Spione – Wechselfälscher – Kassendiebe – Mörder – Hochstapler – Schieber – Sklavenhändler – Mädchenhändler – Brandstifter – Blutschänder – Sexualverbrecher – Unterweltbosse – Spekulanten – Börsengauner – Blutsauger – Bandenführer – Spielclubbesitzer – Kaschemmenbesitzer – Bordelleigentümer – Falschspieler – Rauschgifthändler – Antiquitätenfälscher – Kurpfuscher – Wahrsager – Heiratsschwindler – Kuppler – Eheerschleicher – Bigamisten – Kriegsgewinnler – Preistreiber – Schleichhändler – Kettenhändler – Waffenschmuggler – Lotterieschwindler – Lüstlinge.

Juden als Betrüger bei: Tauschgeschäften – Werkverträgen – Dienstverträgen – Arbeitsverträgen – Mietverträgen – Pachtverträgen – Leihverträgen – Verkäufer wertloser Waren – Bilanzerstellungen – Versicherungsabschlüssen – Wohnungsvermittlungen – Heiratsvermittlungen – Titel- und Ordensvermittlungen – Hotelrechnungen – Zechprellereien – Logieabrechnungen – Wertpapieren – Zinsscheinen – Aktien – Schecks – Sparkassenbüchern – Unterschriften.

Wortbildungen mit „Juden": Judengesicht – Judenvisage – Judengeruch – Judenduft – Judengestank – Judenschwein – Judensau – Judengeist – Judenliterat – Judendichter – Judentheater – Judenrevue – Judengehirn – Judenmoral – Judengesindel – Judenschule – Judenmusik – Judenkunst – Judenaufklärer - Judenverschwörer – Judenarzt – Judencharakter – Judengeld – Judenhände – Judenherz – Judenmoral – Judennase – Judenzeitung – Judenpartei – Hofjude – Schacherjude – Pressejude – Versjude – Broschürenjude – Zeitungsjude – Theaterjude – Mauscheljude – Drecksjude.

Dieses feindselige Reservoir an Charakterisierungen von Juden fand sich in der populären antijüdischen Tagesliteratur und in der alltäglichen Umgangssprache lange vor dem Ersten Weltkrieg. Diese durchweg negativen Urteile über Juden gaben den psychologischen Boden ab, sich radikalen Lösungen der Judenfrage zu öffnen.

Hitlers Antisemitismus: Die Entfernung der Juden

Die erste bisher greifbare Äußerung Hitlers zum Antisemitismus stammt aus einem Brief vom 16. September 1919: „Der Antisemitismus aus rein gefühlsmäßigen Gründen wird seinen letzten Ausdruck finden in der Form von Pogromen. Der Antisemitismus der Vernunft jedoch muss führen zur planmäßigen gesetzlichen Bekämpfung und Beseitigung der Vorrechte des Juden, die er zum Unterschied der anderen zwischen uns lebenden Fremden besitzt. Sein letztes Ziel aber muss unverrückbar die Entfernung der Juden überhaupt sein." (Aufzeichnungen 88 ff.)

Hitler spricht davon, dass Gefühle ersetzt werden müssten „durch die Erkenntnisse von Tatsachen." Welche Tatsachen sind es für ihn?

1. Die Fremdartigkeit der Rasse, die nicht durch Assimilation aufhebbar ist. Der Emanzipationsprozess der Juden im 19. Jahrhundert war ein fundamentaler Irrtum und Irrweg.
2. Der Materialismus der Juden, d.h. das „Streben nach Geld und Macht." Der Jude kennt nur e i n Ziel, seine Geld- und Machtgier zu befriedigen.
3. Das Wirken der Juden „wird in seinen Folgen zur Rassentuberkulose der Völker", d. h. die Juden zersetzen nicht nur Deutschland, sondern alle Völker, die ganze Welt.

Was muss geschehen?
1. Zunächst die Juden unter Fremdengesetzgebung stellen, d.h. die Aufhebung der bürgerlichen Emanzipation, ihre Behandlung als Fremde und Ausländer.
2. Begleitet sein muss dieser Prozess der Entrechtung und Entfernung „von einer Wiedergeburt der sittlichen und geistigen Kräfte der Nation" im Gegensatz zu den Kriterien einer demokratischen Republik.

Im Parteiprogramm der NSDAP von 1920 steht zum Judenproblem:
Art. 4: „Staatsbürger kann nur sein, wer Volksgenosse ist. Volksgenosse kann nur sein, wer deutschen Blutes ist, ohne Rücksichtnahme auf Konfession. Kein Jude kann daher Volksgenosse sein.

Art. 5: Wer nicht Staatsbürger ist, soll nur als Gast in Deutschland leben können und muss unter Fremdengesetzgebung stehen.

Art. 6: Das Recht, über Führung und Gesetze des Staates zu bestimmen, darf nur dem Staatsbürger zustehen. Daher fordern wir, dass jedes öffentliche Amt, gleichgültig welcher Art, gleich ob im Reich, Land oder Gemeinde, nur durch Staatsbürger bekleidet werden darf.

Wir bekämpfen die korrumpierende Parlamentswirtschaft einer Stellenbesetzung nur nach Parteigesichtspunkten ohne Rücksicht auf Charakter und Fähigkeiten.

Art. 7: Wir fordern, dass sich der Staat verpflichtet, in erster Linie für die Erwerbs- und Lebensmöglichkeit der Staatsbürger zu sorgen. Wenn es nicht möglich ist, die Gesamtbevölkerung des Staates zu ernähren, so sind die Angehörigen fremder Nationen (Nichtstaatsbürger) aus dem Reiche auszuweisen.

Art. 8: Jede weitere Einwanderung Nicht-Deutscher ist zu verhindern. Wir fordern, dass alle Nicht-Deutschen, die seit dem 2. August 1914 in Deutschland eingewandert sind, sofort zum Verlassen des Reiches gezwungen werden.

In seinen Reden der folgenden Jahre zeigt sich Hitler immer radikaler. So beschwor er in einer Rede vom 6. April 1920 „die unerbittliche Entschlossenheit, das Übel (die Juden) an der Wurzel zu packen und mit Stumpf und Stile auszurotten … Um unsere Ziel zu erreichen, muss uns jedes Mittel recht sein, selbst wenn wir uns mit dem Teufel verbinden müssten." (Aufzeichnungen, 119 f.)

Am 7. August in Salzburg: „Denn denken Sie nicht, dass Sie eine Krankheit (wie den jüdischen Geiz) bekämpfen können, ohne nicht den Erreger zu töten, ohne den Bazillus zu vernichten und denken Sie nicht, dass Sie die Rassentuberkulose bekämpfen können, ohne zu sorgen, dass das Volk frei wird von dem Erreger der Rassentuberkulose. Das Wirken des Judentums wird niemals vergehen und die Vergiftung des Volkes nicht enden, solange nicht der Erreger, der Jude, aus unserer Mitte entfernt ist". (ebd. 117 f.)

Und er zählt auf, was in der Geschichte jüdisch gewesen ist:
– die Revolution von 1918
– die Weimarer Republik
– der Marxismus
– die sowjetische „Blutdiktatur"
– das Börsenkapital als „Söldnertruppe des Judentums"
– die politischen Parteien der Linken
– die Demokratie
– der Parlamentarismus
– der Völkerbund

Im März 1921 heißt es dann: „Man verhindere die jüdische Unterhöhlung unseres Volkes, wenn notwendig durch die Sicherung ihrer Erreger in Konzentrationslagern." (Völkischer Beobachter vom 13. März) „Schmeißt die Juden hinaus, und ihr habt Platz für Hunderttausende deutscher Intelligenzen." (Aufzeichnungen, 965)

Seine Weltanschauung und seine politischen Ziele hat Hitler in zwei Bänden unter dem Titel „Mein Kampf" (MK) 1925 und 1927 zusammengefasst. Das Kapitel 11 handelt von „Volk und Rasse".

Entscheidend ist zunächst, dass Hitler in den Jahren zuvor die Inhalte seiner antisemitischen Politik immer mehr in die Mitte seines weltanschaulichen und politischen Selbstverständnisses gerückt hat. Einige Zitate aus MK: „Mit dem Juden gibt es kein Paktieren, sondern nur das harte Entweder-Oder. Ich aber beschloss Politiker zu werden." (MK, 225) Also: Sein Entschluss, in die praktische Politik zu gehen, hängt mit seinem antijüdischen Kampf zusammen. Von nun an ist die Bekämpfung der Juden das zentrale Motiv seiner politischen Mission. Und verjudet sind alle seine Gegner: die Marxisten, die Bolschewisten, die Demokraten.

„Siegt der Jude mit Hilfe seines marxistischen Glaubensbekenntnisses über die Völker dieser Welt, dann wird seine Krone der Totentanz der Menschheit sein." Hitlers Konsequenz: „So glaube ich heute im Sinne des allmächtigen Schöpfers zu handeln; indem ich mich des Juden erwehre, kämpfe ich für das Werk des Herrn." Und: „Befreit sich Deutschland aus dieser Umklammerung des Judentums, so darf diese größte Völkergefahr als für die ganze Welt gebrochen gelten."

Es ist Hitlers Überzeugung, dass der Nationalsozialismus einen stellvertretenden Dienst für die gesamte Welt leistet, wenn Deutschland „judenfrei" gemacht wird. Seine Sorge: der schon zu große Einfluss des internationalen Judentums auf die englische Politik. Später ist für ihn Churchill der verjudete Engländer. England opfert zugunsten der internationalen Ränkespiele seine nationalen Interessen.

Wie charakterisiert Hitler die Juden im Einzelnen?

– Made im faulenden Fleisch
– Pestilenz

- Völkerbazillus, der die Völkertuberkulose bringt
- ewiger Spaltpilz der Menschheit
- die Drohne, die sich überall einschleicht
- die Aussauger der Völker
- eine Rotte von Ratten
- Parasit
- Schmarotzer
- Blutegel

Die Sprache ist weithin der Parasitologie entnommen.

Ein immer wieder auftauchendes Thema: die Novemberrevolution 1918. Sie war nur möglich, weil man die Rassenprobleme nicht erkannt hat. Was hätte man tun sollen: „Nun wäre aber der Zeitpunkt gekommen gewesen, gegen die ganz betrügerische Genossenschaft dieser jüdischen Volksvergifter vorzugehen. Jetzt musste ihnen kurzerhand der Prozess gemacht werden, ohne die geringste Rücksicht auf etwa einsetzendes Geschrei oder Gejammer. Im August des Jahres 1914 war das Gemauschel der internationalen Solidarität mit einem Schlage aus den Köpfen der deutschen Arbeiterschaft verschwunden, und statt dessen begannen schon wenige Wochen später amerikanische Schrappnels die Segnungen der Brüderlichkeit über die Helme der Marschkolonnen hinab zu gießen. Es wäre die Pflicht einer besorgten Staatsregierung gewesen, nun, da der deutsche Arbeiter wieder den Weg zum Volkstum gefunden hatte, die Verhetzer dieses Volkstums unbarmherzig auszurotten.

Wenn an der Front die Besten fielen, dann konnte man zu Hause wenigstens das Ungeziefer tilgen … Was musste man nun tun? Die Führer der ganzen Bewegung sofort hinter Schloss und Riegel setzen, ihnen den Prozess machen und sie der Nation vom Halse zu schaffen. Man musste rücksichtslos die gesamten militärischen Machtmittel einsetzen zur Ausrottung dieser Pestilenz …" (MK 185 f.)

Und wie hat man einen Krieg zu führen? „Wenn aber Völker um ihre Existenz auf diesem Planeten kämpfen, mithin die Schicksalsfrage von Sein oder Nichtsein an sie herantritt, fallen alle Erwägungen von Humanität oder Ästhetik in ein Nichts zusammen." (ebd. 195)

Krieg kann nur totaler Krieg sein

Hatte Hitler in den ersten Jahren der NS-Bewegung noch allgemein von der „Entfernung der Juden" geredet, so ist er seit 1926 in seiner Sprache und in seiner Zielbestimmung und in der Frage der Mittelanwendung eindeutiger geworden. Beispiele:

„Kein Volk entfernt diese Faust (des unerbittlichen Weltjuden) anders von seiner Gurgel als durch das Schwert. Nur die gesammelte, konzentrierte Stärke einer kraftvoll sich aufbäumenden nationalen Leidenschaft vermag der internationalen Völkerversklavung zu trotzen. Ein solcher Vorgang ist und bleibt aber ein blutiger."

Was man schon 1914 hätte tun sollen: „Hätte man schon zu Kriegsbeginn und während des Krieges einmal zwölf- oder fünfzehntausend dieser hebräischen Volksverderber so unter Giftgas gehalten ..., dann wäre das Millionenopfer der Front nicht vergeblich gewesen." (MK 772)

Und wie war es nach 1933? Nur kurz: Die NS-Judenpolitik beginnt mit der bürgerlichen Entrechtung der Juden und gleichzeitig betreibt man eine forcierte Auswanderung. Etwa die Hälfte der 600.000 Juden wandert aus.

Am Ende der sich über viele Stationen vollziehenden Prozesse der Entrechtung steht die sog. „Endlösung", die etwa gleichzeitig vorbereitet wird mit dem Überfall auf die Sowjetunion. Das bedeutet: Die beiden Kernpunkte von Hitlers Programm, die Eroberung von Raum für das deutsche Volk nach Osten und die Vernichtung der jüdischen Rasse, werden gleichzeitig in die Praxis umgesetzt. Die raum- und rassenpolitischen Ziele verschränken sich zum totalen Eroberungs- und Vernichtungskrieg. Wie hatte es im „Mein Kampf" geheißen?

„Wir Nationalsozialisten müssen unverrückbar an unserem außenpolitischen Ziel festhalten, nämlich dem deutschen Volk den ihm gebührenden Grund und Boden auf dieser Erde zu sichern. Und diese Aktion ist die einzige, die vor Gott und unserer deutschen Nachwelt einen Bluteinsatz gerechtfertigt erscheinen lässt: Vor Gott, insofern wir auf diese Welt gesetzt sind, mit der Bestimmung des ewigen Kampfes um das tägliche Brot, als Wesen, denen nichts geschenkt wird, und die ihre Stellung als Herren der Erde nur der Genialität und dem Mute verdanken, mit dem sie sich diese zu erkämpfen und zu wahren wissen; vor unserer deutschen Nachwelt aber, insofern wir keines Bürgers Blut vergossen, aus dem nicht tausend andere der Nachwelt geschenkt werden. Der Grund und Boden, auf dem dereinst deutsche Bauerngeschlechter kraftvolle Söhne zeugen können, wird die Billigung des Einsatzes der Söhne von heute zulassen, die verantwortlichen Staatsmänner aber, wenn auch von der Gegenwart verfolgt, dereinst freisprechen von Blutschuld und Volksopferung." (MK, 739 f.)

Einige Äußerungen Hitlers im Krieg: 8. November 1940: „Ich habe immer die Auffassung vertreten, dass die Stunde kommen wird, da wir dieses Volk (die Juden) aus den Reihen unserer Nation entfernen werden." (Rede im Münchener Löwenbräukeller)

1. Januar 1942: „Der Jude aber wird nicht die europäischen Völker ausrotten, sondern er wird das Opfer seiner eigenen Anschläge sein." (Domarus, 1821)

30. Januar 1942: „Ich habe am 1. September 1939 im Deutschen Reichstag schon ausgesprochen ..., dass dieser Krieg nicht so ausgehen wird, wie es sich die Juden vorstellen, nämlich, dass die europäischen Völker ausgerottet werden, sondern dass das Ergebnis dieses Krieges die Vernichtung des Judentums sein wird." (Domarus, 1920)

Das Ziel der Ausrottung der Juden wurde in dem Maße das Hauptziel, wie die raumpolitischen Ziele zu scheitern drohten. Die Vernichtungslager in Polen wurden errichtet, als die Niederringung der Sowjetunion nicht gelang. Und noch am 13. Februar 1945 sagte Hitler: „Ich habe gegen die Juden mit offenem Visier gekämpft. Ich habe ihnen bei Kriegsausbruch eine letzte Warnung zukommen lassen. Ich habe sie nicht im ungewissen darüber gelassen, dass sie, sollten sie die Welt von neuem in den Krieg stürzen, diesmal nicht verschont bleiben werden. – dass das Ungeziefer in Europa endgültig ausgerottet wird." (Hitlers politisches Testament, 1981, 69 f.)

Den Höhepunkt der Judenvernichtung bilden die Konzentrationslager als Vernichtungslager, in denen die Juden langsam durch Arbeit oder schnell durch Gas vernichtet wurden. Das ist der eigentliche Holocaust.

Das Ergebnis dieses Durchgangs durch die Theorie und die Praxis des Rassenantisemitismus als Vernichtungsantisemitismus kann nur sein: Luther in irgendeinen Zusammenhang mit diesem Holocaust zu bringen, ist eine unverantwortliche Geschichtsfälschung ersten Ranges. In allen Texten dieses Rassenantisemitismus, der zum Vernichtungsantisemitismus geführt hat, taucht übrigens an keiner Stelle die Erwähnung Luthers oder gar eine Berufung auf ihn auf.

Und doch ist dieses nicht alles, was zu sagen ist. Es gibt seit der zweiten Hälfte des 19. Jahrhunderts einen protestantischen politischen und kulturellen Antisemitismus, gemischt mit religiösem Antijudaismus, der mit seiner Entwicklung bis 1933 einen nicht unwesentlichen Beitrag für den Weg Deutschlands in das Dritte Reich geleistet hat. Hitler gewinnt seine Wahlen in den protestantischen Stammlanden in Nord-, Mittel- und Ostdeutschland und hat anfangs die größte Zustimmung im kirchlichen und im Milieuprotestantismus bekommen.

Wie reagierten die Kirchenleitungen auf den 30. Januar 1933 und die beginnende NS-Judenpolitik? In Kurzform lässt sich folgendes sagen: Der Kirchliche Protestantismus begrüßt überwiegend die „Wende" in der deutschen politischen Geschichte. Er gesteht dem Staat der „nationalen Revolution" zu, gegenüber den Juden eine Sondergesetzgebung zu entwickeln, um den Einfluss des Judentums in der Öffentlichkeit und im geistig-kulturellen Leben zurückzudrängen. Die Argumente, die immer wieder vorgebracht werden, sind alle dem Arsenal des traditionellen kulturellen und ökonomisch-sozialen Antisemitismus entnommen. Ein religiöser Antisemitismus spielt keine besondere Rolle. Die Argumente, die gebraucht werden, sind in großen Teilen des Protestantismus schon üblich, als es die NS-Bewegung noch nicht gab. Dieser Antisemitismus nationalkonservativer Eliten, zu denen die kirchenleitenden Männer durchweg gehörten, kann zunächst die Politik der neuen Reichsregierung aus Nationalsozialisten und Deutschnationalen inhaltlich voll unterstützen. Unter den evangelischen Kirchenführern gibt es eine Reihe von traditionellen Antisemiten (wie Theophil Wurm, Otto Dibelius, Hans Meiser), die aber ansonsten weltanschaulich und politisch keine Nationalsozialisten waren. In der Regel lehnen sie den aggressiven

Rassenantisemitismus der NS-Ideologie ab. Sie wollen politische und kulturelle Antisemiten sein, ohne das Kernstück der NS-Weltanschauung, die biologistisch orientierte Rassenlehre, akzeptieren zu können und zu wollen. Von Anfang an stehen sie in dieser Spannung, die bald zu ihrem Dilemma werden sollte. Anfangs formulieren sie einen „Antisemitismus mit menschlichem Antlitz", der harte Ausnahmegesetze als Schutzrechte des deutschen Volkes vor artwidriger Überfremdung durch ein „Judentum ohne Gott" und durch ein emanzipiertes Judentum für legitim hält, aber jede physische Verfolgung ablehnt. Man meint ernsthaft, rechtliche und gesellschaftliche Ausgrenzungen mit der Praxis eines humanen Fremden- und Minderheitenrechts verbinden zu können. Verdrängung – ja, Verfolgung – nein; Aufhebung der Emanzipation – ja, Helotisierung – nein. Diese Dualisierung hält man für möglich, diese Humanisierung des Terrors für machbar und für die Betroffenen für zumutbar. Andernfalls bleibt letzteren ja eine ordnungsgemäße Auswanderung übrig.

Dieses Ja zum legitimen Antisemitismus und zu seiner legalen Durchführung ist nur zu verstehen vor dem Hintergrund eines bestimmten obrigkeitlichen Staatsverständnisses. Die Grundfrage dieser kirchenleitenden Generation, die ihre Sozialisation unter den Bedingungen des Kaiserreiches durchlaufen hat, ist, ob der Staat als göttliche Schöpfungsordnung, als Inbegriff letzter Verantwortung für Recht und Ordnung das aktuelle Recht hat, einem bestimmten Teil seiner Bürger die Grundrechte der Verfassung und die allgemeinen Menschenrechte zu beschneiden oder zu nehmen. Der neue autoritäre Staat, der den demokratischen Rechtsstaat mit revolutionärem Ausnahmerecht überwunden hat, nimmt sich als oberster Souverän die Macht, neues Recht im Sinne seiner revolutionären Zielbündel zu setzen und zu exekutieren. In der Logik dieses Denkens ist die Judenpolitik des neuen völkischen Staates für die Kirchenoberen legitim und legal zugleich. Evangelische Kirchenführer und Theologen haben keine nennenswerten Probleme, dem Staat Schutz- und Gestaltungsrechte gegen Feinde des deutschen Volkstums zuzugestehen. Eine generelle Opposition gegen die anlaufende Gesetzespraxis kann es von ihrem traditionellen Staatsverständnis her überhaupt nicht geben. Es blieb nur die Mahnung übrig, die harten, aber gerechten Gesetze ohne Unmenschlichkeiten zu vollziehen.

Hinter dem mehrheitlichen Ja des kirchlichen Führungs- und Milieuprotestantismus steht in vielen Bereichen eine innere Nähe zur nationalsozialistischen Geschichts- und Kulturkritik.

Systematisiert man die evangelisch-kirchlichen Bewertungen der „nationalen Revolution", so finden sich in dem zeitgenössischen theologischen und kirchenpolitischen Schrifttum diese Beurteilungen der geistigen Lage der Gegenwart und der modernen Epoche:

1. Das Jahr 1933 beendet eine deutsche und europäische Epoche. Es bedeutet die Überwindung des bürgerlichen Liberalismus. Dieser lebte von den „Prinzipien von 1789", der politischen und philosophischen Aufklärung. Diese setzten das Individuum mit seinen Rechten und Bedürfnissen in das Zentrum von staatlicher und gesellschaftlicher Organisation. Dieser individualistische Liberalismus führte zur Auflösung einer organisch gegliederten Gesellschaft als Gemeinschaft der von Natur und Geschichte ungleichen Menschen.

2. Dieser Liberalismus führte in Weltanschauung und Lebenspraxis der atomisierten Einzelnen zu Rationalismus, Materialismus und Atheismus. Die überkommene Religiosität, die dem Menschen Sinn für das eigene Leben und Sinn für das gemeinsame Leben gegeben hat, wurde aufgelöst zugunsten selbstmächtiger, selbst geschaffener Bindungen und Zuordnungen. Der Mensch wurde der autonome Schöpfer seines eigenen Ordo und seiner eigenen Ethik. Eine anthropozentrische Mentalität und Kultur wurde Wirklichkeit. Die Bindung an objektive Normen und Werte, wie sie etwa die Zehn Gebote vermitteln, wurde aufgelöst zugunsten eines Verhaltens, das von menschlichen Bedürfnissen und Trieben bestimmt wurde. Unter dem großen Stichwort der neuzeitlichen Emanzipation wurde aber nichts anderes betrieben als eine systematische Selbstvergottung des Menschen. Sie führte aber zur Selbstzerstörung des Menschen.

3. Der weltanschauliche Liberalismus in Theorie und Praxis verband sich mit der politischen Doktrin des Demokratismus, der naturgegebene Ordnungen und natürliche soziale Zuordnungen zugunsten eines formalen Gleichheitsprinzips aufgab. Das demokratische Mehrheitsprinzip löste nach und nach die Balancen der persönlichen und gesellschaftlichen Ungleichheiten auf. Und das reine Mehrheitsprinzip zerstörte zudem die notwendigen Autoritäten im Zusammenleben der Menschen.

4. Die angewandten liberal-demokratischen Prinzipien zerstörten das jahrhundertealte praktische Sozialethos zugunsten eines egozentrischen Durchsetzungsprinzips. Ein rücksichtsloser Verdrängungswettbewerb war die Folge. Soziale Gesinnung und Verantwortung für den anderen, Dienst- und Opferbereitschaft für die Gemeinschaft verloren an Wert. Überhaupt setzte ein allgemeiner Wertezerfall ein. Der allgemeinen Gottlosigkeit korrespondierte eine allgemeine Morallosigkeit. Ein religiös-praktisches Ethos wurde durch ein substanzloses Pathos der menschlichen Selbstverwirklichung ersetzt.

5. Die Institutionen der Ehe, der Familie und des Staates verloren unter der Direktion einer säkularen Emanzipation ihre die Menschen und ihre Gesellschaft stabilisierenden Funktionen. Die Ordnungen besaßen keinen Eigenwert mehr für die Erhaltung und den Schutz einer wertorientierten gemeinsamen Kultur, sondern wurden zu unverbindlichen Größen, gestaltet nach eigenem und wechselndem Geschmack. Vor allem der Staat verlor seine fundamentale Rolle als obrigkeitlicher Garant öffentlicher Sittlichkeit. Er wurde seiner metaphysischen Verankerung beraubt wie seiner hoheitlichen Funktionen entkleidet.

6. Folge und Inbegriff des materialistischen und atheistischen Denkens waren die durch den bürgerlichen Liberalismus geistig vorbereiteten proletarischen Bewegungen des Marxismus, Sozialismus und Kommunismus. Sie alle sind nur verschiedene Ausprägungen des einen neuzeitlichen Gebrechens des Geistes der aufgeklärten Emanzipation.

7. Unter den Massenbedingungen der industriellen Gesellschaft schlug
   der liberale Individualismus um in den sozialistischen Kollektivis-
   mus. Beide aber, Liberalismus wie Marxismus in allen Spielarten,
   sind der Tod einer christlichen Lebens- und Kulturwelt.

Dieses geistesgeschichtliche Gemälde als radikale Kritik an der
Moderne ist in unendlichen Variationen anwesend im kirchlichen und
theologischen Schrifttum, lange vor dem 30. Januar 1933. Zeit- und
Kulturkritik sind schon immer die Domäne kirchlicher Publizistik gewesen. Sie ist es auch in der Endphase der Republik und in der Früh-
phase des Dritten Reiches, was sie seit einem Jahrhundert im Durch-
schnitt immer gewesen war:

– antiaufklärerisch
– antiliberal
– antidemokratisch
– antisozialistisch und
– antikommunistisch

Das Entscheidende: Mit diesem eigenen Erbe kann der größte Teil
des Protestantismus in das „Wendejahr 1933" gehen und seinen Beitrag
zur geistigen Fundierung der „nationalen Revolution" anbieten. Hitler
musste nicht erst durch Agitation die Mehrheit des Protestantismus gewinnen, sondern konnte sie abholen und einbringen in seine nationalsozialistische Sammlungsbewegung.
 Arbeitet man die kulturkritische Literatur der kirchlichen Publizistik
durch und vergleicht sie mit dem epochen- und zeitkritischen Material
der NS-Publizistik, so ist eine Nähe zwischen beiden nicht zu übersehen.
Es geht immer gegen die Aufklärung und ihre politischen Trabanten:
den Liberalismus und den Demokratismus, den Marxismus und den
Republikanismus. Im Blick auf ihre Gemeinsamkeiten in der Beurteilung
der Moderne kann die mehrheitliche Zustimmung des Protestantismus
zum Untergang der Republik und zum Aufkommen eines autoritären
Staates, der die Gedankenwelt der bürgerlich-liberalen und der prole-

tarisch-sozialistischen Bewegungen aus dem deutschen Volksleben ausscheiden will, nicht überraschen. Aber es kam als weitere Klammer zwischen Kirche und Nationalsozialismus ein traditioneller protestantischer Antisemitismus hinzu. Dessen Aussagen, entnommen zeitgenössischer kirchlicher Publizistik, lassen sich so zusammenfassen:

1. Juden sind die Agitatoren für den Geist des Liberalismus in Politik und Kultur, sie sind die Vorkämpfer für Demokratie und individuelle Menschenrechte.

2. Sie propagieren einen lasziven ungebundenen Lebensstil, sie polemisieren gegen christliche Ethik, sie verspotten kirchliche Gebräuche und volkskirchliche Sitten, sie verbreiten in Presse und Literatur einen materialistischen und hedonistischen Geist, sie bringen schlüpfrige und kitschige Theaterspiele auf die Bretter und produzieren unmoralische Filme.

3. Sie lösen alle zwischenmenschlichen Bande auf in ökonomische Zweckbeziehungen. Sie sind die Hauptträger des kapitalistischen Wirtschaftsgeistes und der ihm entsprechenden unbarmherzigen Praxis. Sie beuten Mittelstand, Handwerk und Arbeiterschaft aus zwecks Anhäufung ihres persönlichen Reichtums. Sie bestimmen Banken und Börsen und bringen alle ehrliche Arbeit in ihre Wucherhände. Sie bauen sich prächtige Villen und demonstrieren eine protzige Hofhaltung.

4. Überdurchschnittlich sind sie an der Kriminalitätsrate beteiligt. Die kriminelle Unterwelt ist fest in ihren Händen. Im Krieg haben sie sich vor dem Fronteinsatz gedrückt, in der Heimat sich als Kriegsgewinnler unverschämt bereichert. In der staatlichen Verwaltung und in privaten Sektoren haben sie sich gegenseitig Posten zugeschoben.

5. Ihrer Rolle im wüstesten Kapitalismus entspricht auf der anderen Seite ihre Rolle im revolutionären Marxismus und Sozialismus.

Diese beiden sind Produkte des jüdischen Geistes eines Karl Marx und Ferdinand Lassalle. Führende deutsche Sozialdemokraten in der Kaiserzeit, in der revolutions- und Republikzeit waren Juden, glaubens- und morallose Juden. Auch der Bolschewismus ist eine revolutionäre Filiale des weltweit agierenden Judentums, das die Weltherrschaft gewinnen will.

6. In Kunst und Literatur sind die Juden die Hauptträger des sogenannten Kulturbolschewismus und die Agitatoren für Freidenkertum und Gottlosenbewegung.

Kurzum: Überall, wo sich der Säkularismus austobt und sein nihilistisches zerstörerisches Werk betreibt, sind Juden in verschiedenen Kleidern und in verschiedenen Funktionen die führenden Geister. Sie inszenieren die „Entfesselung der Unterwelt." Diese antisemitischen Versatzstücke, diese Summe einzelner Behauptungen und Überzeugungen, Konstruktionen und Vorurteile gehören zum Typus kulturantisemitischer Analysen, Polemiken und Feindbilder.

Was aber auffällt, ist die Tatsache, dass der Antisemitismus im Raum der Kirche nicht vorrangig rassischer Antisemitismus gewesen ist. Das unterscheidet ihn vom nationalsozialistischen Antisemitismus, der sich zentral vom Rassegedanken her entwickelt hat. Aber es ließ sich der kulturell-politische Antisemitismus protestantischer Prägung schnell verzahnen mit der Judenpolitik des neuen Reiches.

Halten wir fest: Der deutsche Protestantismus der Jahre 1933/34 ergreift mehrheitlich Partei für die „nationale Revolution". Man begrüßt dankbar den Untergang der ersten deutschen Republik, die man in den Händen von Marxisten und Kulturbolschewisten wähnte. Den Zerstörern der „christlich-deutschen Kultur" wird nun das Handwerk gelegt. Und die Kirche bekommt eine neue Chance, Volkskirche für alle Deutschen zu werden, die sich nun vom Säkularismus der liberalen und marxistischen Epoche abwenden. Der jüdisch-materialistische und jüdisch-atheistische Geist werden in Deutschland keine Heimat mehr haben. Der Prozess der Ausschaltung des „jüdisch-liberalen", des „jüdischmarxistischen" und des „jüdisch-bolschewistischen" Geistes ist eine historische Notwendigkeit, wenn die Wiedergeburt des deutsch-christlichen Wesens gelingen soll. Was diesem Ziel dient, ist moralisch-rechtlich legitim und praktisch-politisch geboten. Von diesem Denken her ist weder gegen die Aufhebung der Grundrechtsartikel der Weimarer Verfassung noch gegen die beginnende Ausgrenzungspolitik der Juden noch gegen die Verhaftung und Verfolgung von Zentrumsleuten, Sozialdemokraten und Kommunisten ein widerständiges Wort der protestantischen Kirchenleute zu erwarten. Sie haben nichts gegen die Ausschaltung der Feinde eines neuen deutschen Staats- und Gesellschaftssystems.

Vor allem aber stimmt man dem neuen Volkskanzler Hitler zu, weil er Deutschland vor dem Bolschewismus gerettet hat. Hier haben kirchliche Kreise mit Blick auf die Christenverfolgungen in der Sowjetunion fast apokalyptische Ängste gehabt. Sie feiern Hitler und seine SA als Retter der Kirche vor dem Bolschewismus.

Das Ergebnis ist, dass von den eigenen antisemitischen Traditionen und von den Ängsten vor einer möglichen Bolschewisierung Deutschlands her der kirchliche Protestantismus nicht mehr die intellektuelle und moralische Kraft gehabt hat, dem später folgenden Verfolgungs- und Vernichtungsantisemitismus in den Arm zu fallen. Die traditionellen Feindbilder saßen schon zu tief, um sich schnell auflösen zu lassen. Man hat sich sprachlos und handlungsunfähig gemacht, als man den Beginn des NS-Systems als eigene Rettung begriffen hat und als man die Rettung vor den Juden als Befreiung zur neuen christlich-deutschen Kultur gefeiert hat. Die Flut der Dankadressen, der Danklieder und Lobeshymnen auf den Retter Hitler macht es später schwer, den Irrtum zu erkennen und zu bekennen. Im Reformationsjubeljahr 1933 konnte auf dem „Eislebener Luthertag" der Vorsitzende des Evangelischen Bundes Wilhelm Fahrenhorst (1873–1941) sagen:

„Und wenn Luther auf seinem Wege dem ‚Führer' von heute begegnen würde …, tief würde er ihm in die Augen schauen und beide Hände würde er ihm drücken: ‚Dank dir, du deutscher Mann! Du bist Blut von meinem Blute, Art von meiner Art, wir beide gehören eng zusammen!' Wahrhaftig, sie gehören zusammen, Martin Luther und Adolf

Hitler, die Reformation von 1517 und die deutsche Erneuerung von 1933. Die Parallele ist in der Tat überraschend. Damals wie heute die große Not. Dort die Not von Rom her. Hier die Not vom Marxismus und Atheismus, vom Bolschewismus und Internationalismus her... Damals wie heute sandte Gott einen Mann als Retter: damals den Bergmannssohn von Eisleben, den Volkskanzler des Dritten Reiches heute..." (Anton, 34 f.)

Hitlers Innen- und Außenpolitik wird in den folgenden Jahren von kirchlichen Gremien und Kirchenzeitungen voll mitgetragen. Hier besteht auch kein großer Unterschied zwischen den beiden Lagern im Kirchenkampf, den Deutschen Christen und der Bekennenden Kirche. Sie begrüßen beide die Ausschaltung der Sozialdemokraten und Kommunisten und sagen kein kritisches Wort gegen ihre Einlieferung in Konzentrationslager. Sie begrüßen den Austritt Deutschlands aus dem Völkerbund, sie begrüßen die Aufrüstung Deutschlands und die Wiedereinführung der allgemeinen Wehrpflicht, sie begrüßen den Anschluss Österreichs an Deutschland, begrüßen den Polenfeldzug und den Krieg gegen den „Weltfeind Bolschewismus". Zwischen Martin Niemöller und Joachim Hossenfelder bestehen politisch kaum Gegensätze. Ihr Kampf ist ein innerkirchlicher Kampf um die evangelische Wahrheit und um die Rolle der Kirche im deutschen Volk.

Es fällt auf, dass 1933 in den anfänglichen öffentlichen Reden und im Schrifttum nicht die Judenfeindschaft des späteren Luther mit dem Antisemitismus des Nationalsozialismus verglichen wird. Eine Ausbeutung der Schriften Luthers über die Judenfrage für die NS-Politik beginnt erst in den folgenden Jahren. Die wenigen Autoren aus dem Jahr 1933 (meist Nationalsozialisten) halten es für einen forschungsgeschichtlichen und politischen Skandal, dass Luther als Judenkritiker und Judenfeind kaum eine Wirkungsgeschichte im deutschen Protestantismus gehabt hat. Im Gegenteil: Deutschland wurde trotz latenter und hin und wieder ausbrechender Judenfeindschaft das Land der jüdischen gesellschaftlichen Assimilation in die deutsche Zivilisation und Kultur und es wurde das Land der jüdischen politisch-rechtlichen Emanzipation. Und seit 1869 galt verfassungsrechtlich die volle Rechtsgleichheit der Juden.

Eine Darstellung des Nationalsozialisten Dr. Karl Grunsky in seiner Reihe „Der Aufschwung" beginnt mit dem Satz: „Vergebens blättert man in volkstümlichen Lutherausgaben. Größeren wie kleineren, nach dem, was etwa gegen die Juden gesagt sein könnte ... Die Stimmen, die Juda gelten, (sind) verhallt und verschollen." (S. 5) Und endet mit dem Satz: „Luthers Gedanken, bisher wenig beachtet, verdienen vor allem zunächst allgemein bekannt zu werden. Unwillkürlich vergleichen wir sie mit der Stellungnahme Adolf Hitlers." (ebd. 86)

Auch ein Karl Otto von der Bach beendet schon 1931 seine Broschüre „Luther als Judenfeind" mit den Sätzen: „Luthers weitsichtige Warnung (vor den Juden) ist an den Pfarrherrn wie an dem übrigen Volk spurlos vorüber gegangen. Vier Jahrhunderte sind verloren, die von den also gekennzeichneten Juden weidlich ausgenutzt worden sind. Das deutsche Volk und besonders der Pfarrerstand haben jetzt die Pflicht vor Gott und der deutschen Zukunft, das Versäumte nachzuholen, und nunmehr nach Aufklärung die bisherige Vogel-Strauß-Politik zu verlassen, auf den Bahnen der reifen Erkenntnis des großen Reformators zu wandeln." (ebd. 12)

In vielen DC-Broschüren und Aufsätzen wird immer wieder die Anklage erhoben, dass der deutsche Protestantismus sich in der nachreformatorischen Zeit nicht die späten Judenschriften Luthers zueigen gemacht hat. Sie sollen nun unter den Bedingungen des neuen Reiches ihre Renaissance erfahren. 1933 veröffentlicht Erich Vogelsang die Schrift: „Luthers Kampf gegen die Juden". Das umfangreichste Werk legt 1939 Theodor Pauls in drei Bänden vor: „Luther und die Juden". Das schärfste Pamphlet schreibt 1938 der DC-Bischof Martin Sasse: „Martin Luther über die Juden: Weg mit ihnen!"

Diese und viele andere Bücher, Broschüren und Aufsätze haben die Absicht, die Judenpolitik Hitlers als eine späte Frucht der Judenfeindschaft Luthers zu erweisen. Sie sind es, die die heute wieder zu hörende Ahnenreihe von Luther über Hitler zum Holocaust konstruiert haben. Deshalb noch einmal: Es ist nicht zu bestreiten, dass große Teile des Protestantismus im 19. und 20. Jahrhundert durch ihren politischen und kulturellen Antisemitismus, häufig gepaart mit dem religiösen

Antijudaismus, die NS-Verfolgung der Juden argumentativ und psychologisch mit vorbereitet haben. Aber nirgends – bei keinem Theologen oder einer kirchlichen Gruppe – findet sich im Kaiserreich oder in der Weimarer Republik ein Rassenantisemitismus, der die ideologische Begründung für die physische Vernichtung der Juden abgibt. Auch in den härtesten antijüdischen Schriften Luthers findet sich keine Aufforderung, Juden zu verbrennen. Es überrascht deshalb nicht, dass er in keiner antisemitischen Schrift vor dem Jahre 1933 als Vorläufer der eigenen Antisemitismen oder gar als Urvater des Rassenantisemitismus zitiert und benutzt wird.

Wie war die Reaktion der Kirche auf die sog. „Reichspogromnacht" 1938? Am 9. November 1938 haben die Synagogen gebrannt und in den folgenden Tagen erfolgen antijüdische Verordnungen:
– zur Ausschaltung der Juden aus dem deutschen Wirtschaftsleben
– über die Teilnahme von Juden an Darbietungen der deutschen Kultur
– über die Entlassung jüdischer Schüler und Schülerinnen aus den deutschen Schulen
– eine Polizeiverordnung über das Auftreten der Juden in der Öffentlichkeit
– über die Entziehung der Führerscheine und Zulassungspapiere für Kraftfahrzeuge
– über den Einsatz des jüdischen Vermögens. (UF Bd. 12, 576 ff.)

Diese Verordnungen, die dem Pogrom folgen, werden in den nächsten Jahren fortgesetzt, präzisiert und radikalisiert. Der Weg in die volle Entrechtung und gesellschaftliche Ausgliederung der Juden hat mit dieser Verordnungspraxis begonnen. Es ist nur noch eine Steigerung möglich: die organisierte physische Vernichtung aller Juden.
Wie reagierte die evangelische Kirche, die 1938 als Einheit nicht mehr existierte, sondern nur in ihren Lagern der DC, der BK und der Mitte, auf diese Verordnungen? Es gibt nicht ein einziges gemeinsames öffentliches kirchenamtliches Wort zu den Unrechts- und Gewalttaten dieser Novembertage. Jetzt nicht und auch später nicht. Alles wurde

als obrigkeitlicher Wille, wenn auch häufig mit inneren Vorbehalten, hingenommen.

Und doch gibt es Worte, die einzelne Pfarrer in Predigten gesprochen haben, und es gibt Handlungsweisen von Christen, Frauen und Männern, die praktische Solidarität mit den Geächteten und Verfolgten gezeigt haben. So wie es im deutschen Volk keine lauten Proteste gegen das Vorgehen der Partei und ihrer Organe in der Pogromnacht und gegen die nachfolgende Verordnungs- und Gesetzgebungspraxis gegeben hat, so ist auch im Raum beider Kirchen kein eindeutiger, öffentlich klar formulierter Protest zu hören. Was es nachweislich gegeben hat, ist bei vielen Christen ein Unbehagen und Entsetzen über die rigorosen Maßnahmen dieser Tage. Diese setzen sich aber nicht um in vernehmbaren verbalen Protest oder gar in spontanen Widerstand. Daran hinderten schon die persönlichen Risiken, die man bei abweichendem Verhalten in einem Polizeistaat eingegangen wäre. Aber viel wichtiger ist dieses: Ein traditioneller Antisemitismus im kirchlichen Führungs- und Milieuprotestantismus verhindert dies ebenso wie die grundsätzliche Zustimmung zum autoritären Führerstaat, der gerade 1938 seine innen- und außenpolitischen Erfolge feiern konnte und einen Höhepunkt in der Zustimmung des Volkes gefunden hatte. Und eine mehrheitlich deutschnationale Pfarrerschaft hatte es schwer, in politische Opposition gegen obrigkeitliche Gewalt zu gehen. Und doch: Einige tun es.

Am 16. November 1938 ist – nach dem 9. November, an dem über 90 Menschen ermordet, 26.000 verhaftet und in Konzentrationslager gesperrt, Synagogen zerstört und 7.000 Geschäfte verwüstet worden waren – Allgemeiner Buß- und Bettag.

Der DC-Landesbischof Martin Sasse lässt verlauten: „Der Nationalsozialismus hat in unserer Zeit diese Gefahr am klarsten erkannt und in verantwortungsvollem Ringen um die deutsche Volksgemeinschaft der jüdisch-bolschewistischen Gottlosigkeit den schärfsten Kampf angesagt. Aufgabe der Kirche in Deutschland ist es, aus christlichem Gewissen und nationaler Verantwortung in diesem Kampf treu an der Seite des Führers zu stehen." (Röhm/Thierfelder, Bd. 3 I, 42 f.) Und am

23. November 1938 gibt er die Schrift „Martin Luther und die Juden. Weg mit ihnen!" heraus. Dort heißt es: „In dieser Stunde muss die Stimme des Mannes gehört werden, der als der Deutsche Prophet im 16. Jahrhundert aus Unkenntnis einst als Freund der Juden begann, der, getrieben von seinem Gewissen, getrieben von den Erfahrungen und der Wirklichkeit, der größte Antisemit seiner Zeit geworden ist, der Warner seines Volkes wider die Juden." (ebd. 43)

Und der Berliner DC-Bischof Friedrich Peter sagte beim Staatsbegräbnis von Ernst Eduard vom Rath: „Wir fragen heute an diesem offenen Grab die Völker der Erde, wir fragen die Christen in der Welt. Was wollt Ihr tun gegen den Geist jenes Volkes, von dem Christus sagt: ‚Sein Gott ist ein Mörder von Anfang an gewesen und ist nicht bestanden in der Wahrheit'. Wir Deutschen haben gelernt, dass man sich große Gedanken und ein reines Herz von Gott erbitten soll. Wie steht es aber um Juda, dessen Gott ein Mörder ist von Anfang an? Wir fragen die Völker der Welt in unserem Schmerz und Stolz: Wie wollt Ihr Euch in Zukunft zu diesem Volk stellen, und wir erwarten Antwort." (ebd. 43)

Die führertreuen Deutschen Christen haben sich voll hinter die dem Pogrom folgenden Verordnungen und Gesetze gestellt. Sie waren der Auffassung, dass es der Geschichtswille Gottes ist, Deutschland und die Welt von der „Judenpest" zu befreien.

Aber sie sprachen damals für eine Minderheit der Kirchenchristen. Die Bekennende Kirche stand seit der Herausgabe einer „Gebetsliturgie" am 30. September anlässlich drohender Kriegsgefahr nach der Einverleibung der Tschechoslowakei unter stärkstem politischem und polizeilichem Druck. Für den Buß- und Bettag 1938 hatte sie eine Gottesdienstordnung herausgegeben. In ihr stand dieses Gebet:

„Nimm dich der Not aller der Juden an, die um ihres Blutes willen Menschenehre und Lebensmöglichkeit verlieren. Hilf, dass keiner an ihnen rachsüchtig handle. Mache uns barmherzig, damit wir Barmherzigkeit erlangen. In Sonderheit lass das Band der Liebe zu denen nicht zerreißen, die mit uns in demselben teuren Glauben stehen und durch ihn gleich uns deine Kinder sind.

Wende allen Jammer und alle Not in unserem ganzen Volke. Steh mit Trost und Hilfe allen Betrübten und Geängsteten bei ...
Lass alle unschuldig Gefangenen los und ledig. Stärke denen den Glauben, die keinen Ausweg sehen und in der Versuchung stehen, gegen deinen Willen Selbstmord zu verüben. Mache die Herzen willig und die Hände reich, zu helfen, wo Hilfe Not tut. Für alle Notleidenden und Bedrängten in unserem Volke lasset uns zum Herrn beten: Herr, erbarme dich!" (ebd. 48)

Der ganze gottesdienstliche Entwurf und besonders dies Gebet für Juden – nicht nur für Judenchristen – stieß auf die stärkste Kritik des Reichskirchenministers Hanns Kerrl (1887 – 1941), der erreichte, dass die Bischöfe Marahrens (Hannover), Meiser (Bayern), Wurm (Württemberg) und Kühlewein (Baden) verlauten ließen: „Wir stellen fest, dass das von der „Vorläufigen Leitung" am 27. Oktober 1938 herausgegebene Rundschreiben betreffend Abhaltung von Gebetsgottesdiensten anlässlich bevorstehender Kriegsgefahr von uns aus religiösen und vaterländischen Gründen missbilligt und für unsere Kirchen abgelehnt worden ist. Wir verurteilen die darin zum Ausdruck gekommene Haltung auf das Schärfste und trennen uns von den für diese Kundgebung verantwortlichen Persönlichkeiten." (ebd. 53)
Es gab im Monat des Pogroms auf Grund dieser Distanzierung der lutherischen Bischöfe keine einheitliche Bekennende Kirche, die ein Wort hätte sprechen können. Von außen her waren es die beiden Schweizer Theologen Wilhelm Vischer und Karl Barth, die unter den deutschen Pfarrern etliche Anhänger gehabt haben. Barth formulierte im Dezember 1938:
„Wer ein prinzipieller Judenfeind ist, der gibt sich ... als prinzipieller Feind Jesu Christi zu erkennen. Antisemitismus ist Sünde gegen den Heiligen Geist ... Wenn das geschieht, was in Deutschland jetzt offenkundig beschlossen und schon ins Werk gesetzt ist: die ‚physische Ausrottung' gerade des Volkes Israels, die Verbrennung gerade der Synagogen und Thorarollen, die Perhorreszierung gerade des ‚Judengottes' und der ‚Judenbibel' als des Inbegriffs alles dessen, was den deutschen

Menschen ein Gräuel sein soll – dann ist eben damit, allein schon damit entschieden: da wird die christliche Kirche in ihrer Wurzel angegriffen und abzutöten versucht. Mag denn jemand hinweghören können über all den unsagbaren Jammer, der eben jetzt in allen deutschen Landen, verursacht durch die antisemitische Pest, gen Himmel schreit. Wie aber ist es möglich, dass uns Christen nicht die Ohren gellen angesichts dessen, was diese Not und Bosheit sachlich bedeutet? Was wären, was sind wir denn ohne Israel? Wer den Juden verwirft und verfolgt, der verwirft und verfolgt doch den, der für die Sünden gestorben ist." (ebd. 56 ff.)

Viele Pfarrer und Laien haben diese Worte des von vielen Evangelischen verehrten Karl Barth zusammen mit dem Memorandum von Wilhelm Vischer „Das Heil kommt von den Juden" gelesen und ihnen zugestimmt. Aber es ist unter den damaligen Machtverhältnissen und auf Grund erschwerter Diskussionsmöglichkeiten nicht zu einer Ausarbeitung über die „Judenfrage" gekommen, auch und gerade nicht in der gespaltenen Bekennenden Kirche.

Aber es hat einzelne Pfarrer gegeben, die eindeutig gesprochen haben. So der junge Pfarrer Helmut Gollwitzer, der den im KZ sitzenden Martin Niemöller in der Gemeinde Berlin-Dahlem vertrat. Er sagte in seiner Predigt am Buß- und Bettag: „Es wäre vielleicht das Richtige, wir säßen hier nur schweigend eine Stunde lang zusammen, wir würden nicht singen, nicht beten, nicht reden, nur uns schweigend darauf vorbereiten, dass wir dann, wenn die Strafen Gottes, in denen wir ja schon mitten drin stecken, offenbar und sichtbar werden." (ebd. 64)

Am Schluss stellt er die Frage: „Was sollen wir denn tun? –

Die Unbußfertigkeit zerbricht die Brücke von dir zum Nächsten. Die Buße baut diese Brücke wieder neu. Dieser Nächste zeichnet sich durch nichts aus, was man sonst auf Erden braucht, um Hilfe zu bekommen; es ist nicht gesagt, dass er ihrer würdig ist; es ist nicht gesagt, dass zwischen ihm und dir sonst noch eine Verbindung besteht, eine Gemeinschaft der Rasse, des Volkes, der Interessen, des Standes, der Sympathie. Er kann nur das eine aufweisen, und eben das macht ihn zum Nächsten: er hat nicht, was du hast. Du hast zwei Röcke, er hat keinen, du hast noch etwas Geld, er hat keines mehr, du hast ein Dach über dem Kopf, er ist obdachlos. Außerdem ist er dir noch ganz preisgegeben, deiner eigennützigen Gewinnsucht (erkenne dich heute im Beispiel der Zöllner!) und deinem Mitgefühl (erkenne dich heute im Beispiel des Soldaten!)." (ebd. 66)

Indirekt, aber deutlich wird gesagt: Die verfolgten Juden sind deine Nächsten, denen du als Christ Hilfe leisten musst. Solidarität mit Juden kann nur die Antwort auf die Judenverfolgung durch den Staat sein.

Gollwitzer schließt mit den Worten: „Werden die biblischen Mahnungen, die heute so dringend und uns so nahe gerückt sind, mehr Kraft haben als bisher, diese so praktischen, so aufs Alltägliche und Unbequeme gehenden Mahnungen: Seid gastfrei ohne Murren! Segnet, die euch verfolgen! Seid nicht träge in dem, was ihr tun sollt! Tue deinen Mund auf für die Stummen und für die Sache aller, die verlassen sind." (ebd. 67)

Diese Predigt gehalten und auch verschickt zu haben, ist ein Beispiel des Mutes, der ihm als Widerstand gegen die NS-Politik hätte ausgelegt werden können. Unter den vielen Zuschriften, die Gollwitzer bekam, ist auch ein Brief von Dr. Elisabeth Schmitz vom 24. November 1938:

„Bitte erlauben Sie mir, dass ich noch heute Ihnen aus tiefstem Bedürfnis heraus für den Bußtagsgottesdienst danke. Es lässt sich wohl nicht mehr sagen als dies: dass man erfüllt war von dem Gefühl: So und nur so kann und darf nach dem, was geschehen ist, eine christliche Gemeinde in Deutschland zusammen sein. Meiner Freundin, die vor der Auswanderung steht, haben Ihre Worte herausgeholfen aus tiefer Bitterkeit und Verzweiflung über die Haltung der Kirche.

Ich weiß nicht, ob Sie sich besinnen, dass ich vor einigen Wochen einmal bei Ihnen war, um mit Ihnen darüber zu sprechen, dass die Kirche ihren Gemeinden ein wahres Wort zur Behandlung der Juden in Deutschland sagen müsse. Ich habe auf Ihren Rat hin an Niesel geschrieben. Das Wort ist nicht gekommen. Dafür haben wir das Grauenhafte erlebt und müssen nun weiterleben mit dem Wissen, dass wir daran schuld sind. Als wir am 1. April 33 schwiegen, als wir schwiegen zu den Stürmerkästen, zu der satanischen Hetze der Presse, zur Vergiftung der Seele des Volkes und der Juden, zur Zerstörung der Existenzen und der Ehen durch so genannte ‚Gesetze', zu den Methoden von Buchenwald – da und tausendmal sonst sind wir schuldig geworden am 10. November 1938. Und nun? Es scheint, dass die Kirche auch dieses Mal, wo ja nun wirklich die Steine schreien, es der Einsicht und dem Mut des einzelnen Pfarrers überlässt, ob er etwas sagen will oder nicht.

In die Fürbitte gehören nicht nur die verhafteten Pfarrer und nicht nur die Christen, sondern auch die Juden. D.h. alle die 40.000 oder mehr Verschleppten. In ganz England finden besondere Fürbittengebete statt für die Opfer der Pogrome …

Bekommen wir nach Ankündigung zweifellos die völlige Trennung zwischen Juden und Nichtjuden. Es gehen Gerüchte um – und derartiges hat auch in ausländischen Zeitungen gestanden –, dass ein Zeichen an der Kleidung beabsichtigt sei. Unmöglich ist nichts in diesem Land, das wissen wir. Aber sei dem, wie ihm wolle – was soll aus unseren Bibelkreisen werden? Was aus unseren Gottesdiensten? Was gedenkt die Kirche zu tun angesichts dieser drohenden Zerreißung der Gemeinden? Wenn die ‚Gesetze' da sind, ist es zu spät. Hierfür müssen die Gemeinden zugerüstet werden. Und weiter: Wir haben die Vernichtung des Eigentums erlebt, zu diesem Zweck hatte man im Sommer die Geschäfte bezeichnet. Geht man dazu über, die Menschen zu bezeichnen, so liegt ein Schluss nah, den ich nicht weiter präzisieren möchte. Und niemand wird behaupten wollen, dass diese Befehle nicht ebenso prompt, ebenso gewissenlos und stur, ebenso böse und sadistisch ausgeführt würden wie die jetzigen. Darf die Kirche das zulassen?

Ich bin überzeugt, dass – sollte es dahin kommen – mit den letzten Juden auch das Christentum aus Deutschland verschwindet. Das kann ich nicht beweisen, aber ich glaube es." (67 f.)

Diese Elisabeth Schmitz, die seit Jahren auf ein Wort der Kirche gedrängt hat, sieht auch jetzt, dass die oberen Kirchenorgane wieder kein Wort zur NS-Judenpolitik sagen werden. Sie sollte damit Recht haben. „Die Kirche" existierte überhaupt nicht mehr. Sie hatte sich längst aufgelöst in ihre einzelnen theologischen und kirchenpolitischen Gruppen. Frau Schmitz sah richtig, dass das Reden über die Radikalisierung der Judenpolitik einzelnen Pfarrern überlassen würde. Genau so ist es an einigen Stellen geschehen.

Dass eine Kanzelrede, die sich offen gegen die Judenverfolgung wandte, für die Existenz des Predigers nicht folgenlos war, zeigt die Predigt des Dorfpfarrers aus dem württembergischen Oberlennigen Julius von Jan am 16. November, dem Buß- und Bettag, über Jeremia 22,29: O Land, höre des Herrn Wort! Er sagt:

„In diesen Tagen geht durch unser Volk ein Fragen: Wo ist in Deutschland der Prophet, der in des Königs Haus geschickt wird, um des Herrn Wort zusagen? Wo ist der Mann, der im Namen Gottes und der Gerechtigkeit ruft, wie Jeremia gerufen hat: Haltet Recht und Gerechtigkeit, errettet den Beraubten von des Frevlers Hand! Schindet nicht die Fremdlinge, Waisen und Witwen, und tut niemand Gewalt und vergießt nicht unschuldig Blut!

Gott hat uns solche Männer gesandt! Sie sind heute entweder im Konzentrationslager oder mundtot gemacht. Die aber, die in der Fürsten Häuser kommen und dort noch heilige Handlungen vollziehen können, sind Lügenprediger wie die nationalen Schwärmer zu Jeremias Zeiten und können nur Heil und Sieg rufen, aber nicht des Herren Wort verkündigen …

Wenn nun die einen schweigen müssen und die andern nicht reden wollen, dann haben wir heute wahrlich allen Grund, einen Bußtag zu halten, einen Tag der Trauer über unsere und des Volkes Sünde.

Ein Verbrechen ist geschehen in Paris. Der Mörder wird seine gerechte Strafe empfangen, weil der das göttliche Gebot übertreten hat. Wir trauern mit unserem Volk um das Opfer dieser verbrecherischen Tat. Aber wer hätte gedacht, dass dieses eine Verbrechen in Paris bei uns in Deutschland so viele Verbrechen zur Folge haben könnte? Hier haben wir die Quittung bekommen auf den großen Abfall von Gott und Christus, auf das organisierte Antichristentum. Die Leidenschaften sind entfesselt, die Gebote missachtet, Gotteshäuser, die andern heilig waren, sind ungestraft niedergebrannt worden, das Eigentum der Fremden geraubt oder zerstört. Männer, die unserem deutschen Volk treu gedient haben und ihre Pflicht gewissenhaft erfüllt haben, wurden ins KZ geworfen, bloß weil sie einer anderen Rasse angehörten! Mag das Unrecht auch von oben nicht zugegeben werden – das gesunde Volksempfinden fühlt es deutlich, auch wo man nicht darüber zu sprechen wagt.

Und wir als Christen sehen, wie dieses Unrecht unser Volk vor Gott belastet und seine Strafen über Deutschland herbeiziehen muss. Denn es steht geschrieben: Irret euch nicht! Gott lässt seiner nicht spotten. Was der Mensch säet, das wird er auch ernten! Ja, es ist eine entsetzliche Saat des Hasses, die jetzt wieder ausgesät worden ist. Welch entsetzliche Ernte wird daraus erwachsen, wenn Gott unserem Volk und uns nicht Gnade schenkt zu aufrichtiger Buße." (Metzger, 44 f.)

Diese selten deutliche Predigt bleibt für den Prediger nicht ohne Folgen. Ein auswärtiger SA-Trupp nimmt ihn auf einer Landstraße als „Judenknecht" fest. Man führt ihn vor das Pfarrhaus, wo man ihn einer wartenden Menge überlässt. Ein Augenzeuge berichtet:

„Die Fäuste flogen nur so. Grauenvoll der Anblick der rasend gewordenen Menschen. Immer mal wurde der Misshandelte hochgehoben, um dann erneut geschlagen, gestoßen, gepufft und getreten zu werden. Der Landjäger suchte der Menge Einhalt zu gebieten: „Jetzt ist aber genug!" Plötzlich wurde von Jan auf das Dach eines Holzschuppens gegenüber dem Pfarrhaus geworfen. Einer der Wüstlinge stieg nach und versetzte dem regungslos Daliegenden noch einen gewaltigen Stoß, nachdem er in zuvor ein Stück hochgezogen hatte. Geraume Zeit blieb der Misshandelte auf dem Dach liegen, seine Beine hingen über das Dach herunter, was die Nächststehenden benutzten, um dieses Leben grausam zu zwicken. Auch wurde Pfarrer von Jan hierbei durchsucht und seines Geldbeutels, in dem etwa 20 Mark waren, beraubt. Nach einiger Zeit wurde er dann an den Beinen heruntergezerrt und hätte seinen Kopf schwer auf den Boden aufgeschlagen, wenn der Landjäger nicht seine Hand untergehalten hätte. Bewusstlos war Pfarrer von Jan zusammengebrochen. Wilde Schreie nach einem Mistwagen werden hierauf laut. Einige Beherzte griffen jedoch zu und trugen den bewusstlosen vom Pfarrhaus zum Rathaus. Unter diesen sonst unbekannten Männern war ein Oberlenniger Bürger. Die Träger mussten auf dem ganzen Weg eine Reihe von Puffen und Schlägen aushalten. Im Rathaus, das erst aufgeschlossen werden musste, und in das die sich noch immer wild gebärdende Menge einzudringen versuchte, wurde der Bewusstlose auf ein paar Stühle gelegt. Lange blieb er drauf liegen. Das unmenschliche Geschrei auf der Straße ging ununterbrochen weiter. Nach geraumer Zeit kam der Pfarrer von Jan auf einen Anruf hin wieder zum Bewusstsein und erhob sich. Kaum war er aufgestanden, als einer der vertierten Menschen ihm noch einen Backenstreich versetzte. Stehend wurde von Jan dann einem Verhör unterzogen. Aus einem der Fenster des Rathauses verkündigte hierauf einer der Anführer der wartenden Menge: Der Pfarrer habe sich nur verstellt, er sei wieder wohlauf. Jetzt könnt ihr sehen, wie scheinheilig die Pfaffen sind! Einer wie der andere! Der, der sich vorhin nicht mehr geregt hat, der marschiert nachher durch Oberlenningen." (Röhm/Thierfelder, Bd. 3 I, 72 f.)

Das Ganze nimmt ein Ende, als ein Polizeiauto den Pfarrer in die Kreisstadt fährt. Und was macht der für ihn zuständige Landesbischof Theophil Wurm? Er leistet ihm in den folgenden Prozessen rechtlichen Beistand und hilft ihm und seiner Familie. Am 6. Dezember gibt Wurm an seine Pfarrer folgenden Erlass heraus:

„Im Kampf gegen die christliche Kirche ist die Behauptung von ihrer angeblichen Judengenossenschaft („Judenknecht") die neueste Erfindung. Es ist nicht ausgeschlossen, dass jede Verkündigung christlicher Ethik, sofern sie gewissensschärfend ist, diesen Vorwurf eintragen kann. Es ist selbstverständlich, dass die Kirche, auch auf die Gefahr solcher gehässigen Missdeutung, die ihr aufgetragene Predigt im Sinne von Micha 2,8 nicht unterlassen darf. Es ist aber ebenso selbstverständlich, dass der Diener der Kirche bei dieser Predigt alles zu vermeiden hat, was einer unzulässigen Kritik an konkreten politischen Vorgängen gleichkommt. So schwierig es ist, hierbei allgemeine Grundsätze aufzustellen, weil heutigentags die Gefahr besteht, dass alles, auch das rein Religiöse, von übel wollender Seite sofort politisch missdeutet wird, so muss doch gesagt werden, dass bei der Stellung, die die

Kirche heute im Staats- und Volksleben einnimmt, jeder Verkündiger des Evangeliums einen strengen Maßstab an seine Verkündigung anzulegen und eine ernste Selbstprüfung vor Gott anzustellen hat, ob seine Ausführungen und Gebete einen wirklich seelsorgerlichen und nicht etwa demonstrativen Charakter haben, ob sie in der Tat Anwesende und nicht vielmehr Außenstehende im Auge haben, ob sie eine Darbietung des eigentlichen Evangeliums, wonach auch heute die Gemeinde verlangt, und nicht eine Kritik an vielerlei Vorkommnissen und Zuständen zum Ziele haben. So sehr der Fehler zu vermeiden ist, dass das Evangelium in einer Weise verkündigt wird, ‚als ob nichts geschehen wäre‘, dass es also ganz unbezogen auf die Gegenwart bleibt, so sehr ist auch der andere Fehler zu vermeiden, dass statt der Verkündigung des Evangeliums mit seinem tiefsten seelenrettenden Inhalt in der ganz bestimmten konkreten Situation der Zuhörer die Predigt belastet wird mit politischen, kirchenpolitischen, wohl den Pfarrer, aber nicht ohne weiteres die Zuhörer bewegenden Ausführungen." (Schäfer: Dokumentation, Bd. 6, 115)

Der Bischof will die Kanzel rein halten von politischen Wertungen des Pfarrers auf der Kanzel zugunsten einer Evangeliumsverkündigung für die unter der Kanzel Sitzenden. Zu den konkreten Ereignissen des Pogroms wie zu den neuen Judengesetzen sagt er kein Wort. Natürlich weiß auch er, dass die Kirche zu den Novemberereignissen nicht schweigen kann, aber er will keine christlichen Märtyrer schaffen durch politischen Widerstand gegen obrigkeitliches Handeln.

Dass der Bischof auch noch andere Argumente hat, zeigt sein Brief an den Reichsjustizminister Franz Gürtner. In ihm heißt es zunächst:

„Ich bestreite mit keinem Wort dem Staat das Recht, das Judentum als ein gefährliches Element zu bekämpfen. Ich habe von Jugend auf das Urteil von Männern wie Heinrich von Treitschke und Adolf Stoecker über die zersetzende Wirkung des Judentums auf religiösem, sittlichem, literarischen, wirtschaftlichem und politischem Gebiet für zutreffend gehalten und vor dreißig Jahren als Leiter der Stadtmission in Stuttgart gegen das Eindringen des Judentums in die Wohlfahrtspflege einen öffentlichen und nicht erfolglosen Kampf geführt …"

Doch in der jetzigen Lage ergebe sich für die Kirche und ihre Predigt eine schwierige Lage. Denn der Prediger „kann nicht vergessen, dass nach der Lehre der Heiligen Schrift und nach den Erfahrungen der Geschichte auch diejenigen, die im Auftrage des Herrn der Welt ein Gericht zu vollziehen haben, doch für die Art wie sie das Gericht vollziehen, dem obersten Richter Rechenschaft schuldig sind, und dass die Übertretung der Gebote Gottes sich über kurz oder lang rächen muss. Weil wir unserem Volk es ersparen möchten, dass es später dieselben Demütigungen und Leiden über sich ergehen lassen muss, denen jetzt andere preisgegeben sind, erheben wir im Blick auf unser Volk fürbittend, mahnend, warnend unsere Hände, auch wenn wir wissen, dass man uns deshalb Judenknechte schilt und mit ähnlichem Vorgehen bedroht, wie es gegen die Juden angewandt worden ist." (Schäfer, ebd. 116 f.)

Hier wird angedeutet, was viele christliche Zeitgenossen befürchtet haben: Brennen erst einmal die Synagogen, so ist es nur eine Frage der Zeit, dass auch die Kirchen brennen. Dem radikalen Rassenantisemitismus folgt der Vernichtungskampf des auf der jüdischen Bibel basierenden Christentums. Christentum lebt von seinem Zusammenhang mit der jüdischen Tradition. Dieser Zusammenhang wird von vielen Pfarrern neu erkannt. Diese Erkenntnis trägt mit dazu bei, dass in der Mehrheit der uns erhaltenen Predigten große Zurückhaltung gegenüber den antijüdischen Praktiken geübt wird. Führergebete fehlten in kaum einem Gottesdienst, Gebete für die verfolgten Juden und für die Deutschen, die in Konzentrationslagern saßen, gab es nicht. Damit kontrastiert, dass es eine große Zustimmung zu den Pogromen und zu den ihnen folgenden Gesetzgebungen kaum gegeben hat. Aber diese Zurückhaltung, die mit Unbehagen, Kritik und Sorge verbunden sein konnte, führte nicht zu einem gemeinsamen kirchlich-evangelischen Protest gegen die radikalisierte Judenausgrenzung und Verfolgung. Von den 15.000 evangelischen Pfarrern war es eine kleine Minderheit, die den Mut gehabt hat, öffentlich in Distanz oder gar in den politischen Widerspruch zu gehen. Die Situation gegenüber 1933 war 1938 eine ganz andere geworden: Es ging nicht mehr um eine gemeinsame Abwehr von Staat und Kirche gegen das Judentum, gegen seinen Geist und seine politisch-gesellschaftliche Bedeutung, sondern jetzt ging es um einen Existenzkampf des Christentums, das von der Ideologie der Machthaber her ein „verjudetes Christentum" war und langfristig kein Existenzrecht im nationalsozialistischen Deutschland haben sollte. Die Zahl der verhafteten Pfarrer und Laien im Zusammenhang des Gottesdienstformulars der Bekennenden Kirche zum Buß- und Bettag spricht eine deutliche Sprache, dass aus der anfänglichen Kooperation von Kirche und NS-System eine ecclesia pressa geworden war. In dieser Situation hat kein bekenntnistreuer Pfarrer auf Luthers antijüdische Schriften zurückgegriffen. Sie spielen bei Theologen der Bekennenden Kirche keine richtungweisende Rolle. Im Gegenteil: Die NS-Judenpolitik hat dazu beigetragen, dass ganz neu nach dem Verhältnis Israel-Kirche gefragt wurde. Der überkommene christliche Antisemitismus kulturell-politischer Prägung verlor seine Dominanz im Denk- und Gefühlshaushalt vieler Kirchenchristen. Praktische politische Bedeutung konnte diese Umorientierung unter den Bedingungen eines totalitären Weltanschauungsstaates nicht haben. Und noch dieses ist für 1938 zu konstatieren: Nirgends, aber auch nirgends wird Luther mit seinen antijüdischen Spätschriften zitiert und zum Theologen stilisiert, der Vorläufer und Anstifter der nationalsozialistischen Judenverfolgung gewesen sei. Das war ausschließlich nur noch eine Sache der zur kirchlichen Minderheit gewordenen Deutschen Christen. Aber auch deren Gegner kamen nicht zu einer eindeutigen Position in der Grundsatzfrage „Kirche und Israel" und in der aktuellen Frage „Kirche und nationalsozialistische Judenpolitik".

Dass auch die Bekennende Kirche vor Ort in realen Konfliktlagen schwieg, zeigt das Beispiel des Schicksals der beiden Bochumer Pfarrer Hans Ehrenberg und Albert Schmidt. Ehrenberg, der 1937 auf Grund einer gemeinsamen Aktion der Partei und der Kirchenleitung sein Amt verloren hatte, wurde am 10. November 1938 als judenchristlicher Pfarrer verhaftet. Sein Amtsbruder Schmidt, der schon manche Einladung bei der Gestapo hinter sich hatte, berichtete im nächsten Sonntagsgottesdienst in der Pauluskirche über die Einlieferung seines Amtsbruders in das Konzentrationslager Buchenwald. Schmidt wurde in der Sakristei verhaftet und im Polizeigefängnis 99 Tage eingesperrt. Er wurde aus

Bochum ausgewiesen, verlor sein Amt, kam schwerkrank in Sanatorien und ist an den Folgen seiner Kriegsverletzungen und den Behandlungen im Gefängnis Ende 1945 gestorben. Weder auf die Einlieferung von Ehrenberg ins Konzentrationslager, der noch nach seiner Amtsenthebung in zwei Gottesdiensten vor rund 5.000 Besuchern Abschiedspredigten gehalten hat, noch auf die Verhaftung und Amtsenthebung von Schmidt hat es Proteste aus dem Raum ihrer alten Synode, zu der auch die BK-Bruderschaft zählte, gegeben. Die Angst vor der Gestapo verschloss vielen den Mund. Und gerade jetzt in der Zeit der außenpolitischen Erfolge des Führers und des Münchener Abkommens, das ihn zum Friedenskanzler stilisierte, war Widerständigkeit gegen den auf dem Höhepunkt seiner Zustimmung durch das deutsche Volk stehenden Führerstaat für die meisten Christen in Deutschland keine Möglichkeit. Diese politischen Hintergründe müssen mit gesehen werden, wenn man das mehrheitliche Schweigen der Kirche verstehen will. Aber sie bleibt verantwortlich für dieses Schweigen, das sie immer mehr ohnmächtig verstrickte in die folgenden Jahre des Eroberungs- und Vernichtungskrieges des Führers und seiner Gefolgschaft. So war es nicht überraschend, dass die theologisch und kirchenrechtlich zerstrittenen Gruppierungen des Protestantismus allerdings einmütig den Einmarsch in Polen, den Krieg gegen Frankreich und England und schließlich den Krieg gegen die Sowjetunion als Hauptherd des „Weltbolschewismus" begrüßten.

Und doch: In der Phase des schuldhaften Versagens der meisten Christen und ihrer Kirchen beginnt an einigen Stellen in Deutschland ein neues Nachdenken über das grundsätzliche Verhältnis von Kirche und Welt, Kirche und Staat, Kirche und Politik, um in einem zweiten Schritt zu fragen, welche verpflichtenden realen Konsequenzen für den Christen aus der gegenwärtigen politischen Praxis zu ziehen sind. So schreibt der damals sehr bekannte Freiburger Historiker Gerhard Ritter am 24. November 1938 an seine Mutter:

„Was wir in den letzten beiden Wochen erlebt haben im Ganzen des Vaterlandes, ist das Beschämendste und Schrecklichste, was seit langen Jahren geschehen ist. Wohin sind wir gekommen!!! Eine der vielen

Fragen, über die man brieflich kaum reden kann, ist eine, wie mir scheint, nun zum erstenmal doch allgemeine Scham und Empörung. Diese Schreckenswoche wird nicht so leicht wieder vergessen werden. Und wenn man hoffen könnte, dass es der Anfang würde einer inneren Umkehr und Besinnung bei denen, die für das alles verantwortlich sind! Aber kann man das ernsthaft hoffen?"

Mit einigen Ortspfarrern und Universitätsprofessoren zusammen erarbeitet Ritter, der sich der Theologie Luthers verpflichtet weiß, eine Denkschrift „Kirche und Welt". Die Verfasser fragen wie Luther nach den Grenzen des Gehorsams gegenüber einem Staat, der offen die göttlichen Gebote missachtet und verletzt. Sie fragen nach der Aufgabe des christlichen Predigers „angesichts der Sünden der Menschen und der Lage der christlichen Gemeinde". Und sie fragen nach den praktischen Folgerungen für das Handeln der Kirche und ihrer Christen. Es ist ein erregendes Dokument, aus dem einige Passagen zitiert seien:

„Wir stehen vor Symptomen einer ständig wachsenden Gottentfremdung. Selbstgerechtigkeit und Selbstüberhebung der Menschen, die nachgerade niemand mehr in ihrer erschreckenden Bedeutsamkeit übersehen kann. Wir heben nur drei dieser Symptome heraus:

1. Wenn bedingungsloser Gehorsam gegen Menschengebot gefordert wird, ohne Vorbehalt des göttlichen Gebots, und schrankenlose, religionsartige Verehrung Menschenwesen entgegen gebracht wird, so heißt das Gottes Ehre und unbedingten Herrschaftsanspruch, wie ihn das erste Gebot verkündigt, gröblich verletzen.

2. Auch die äußere Form des Volksaufruhrs ist in Gottes Augen keine Entschuldigung dafür, dass die Gebote der zweiten Gesetzestafel gröblich übertreten, Mitmenschen schwer an Leib und Seele geschädigt, ihrer Güter und gar ihres Heiligsten beraubt werden.

3. Die biblische Einsicht, dass alle Menschen ohne Unterschied der Rasse vor Gottes Augen Sünder sind, macht dem Christen die uneingeschränkte Selbstverherrlichung des eigenen Volkstums ebenso unmöglich wie die unterschiedslose Verurteilung fremder Volksart und aller ihrer Erbeigenschaften als minderwertig oder gar verbrecherisch." (Ritter: Briefe 339)

Als Beispiel, wie jetzt die Kirche reden sollte, fügen die Freiburger ihrer Ausarbeitung die Predigt von Helmut Gollwitzer am Buß- und Bettag 1938 bei. Dieser Freiburger Theologische Arbeitskreis wird der Kern des späteren Freiburger Widerstandskreises, der im Jahre 1943 die Denkschrift „Politische Gemeinschaftsordnung" (ebd. 655 ff.) konzipiert, die in ihrer Ausführlichkeit der Darlegung der aktuellen Probleme und in ihrer systematischen Reflexionskraft aus dem Geist eines lutherischen Protestantismus eine herausragende Arbeit des protestantischen Widerstands gegen das Dritte Reich gewesen sein dürfte. Und sie ist völlig frei von einem traditionellen Antisemitismus, dessen Entwicklung zum Vernichtungsantisemitismus in den Augen der Freiburger eine Tragödie der deutschen Geschichte darstellt.

Auch für den anderen christlichen Widerstandskreis, den sog. Kreisauer Kreis, für den Helmuth James von Moltke steht, spielt die Judenverfolgung ein entscheidendes Motiv für ihren Widerstand gegen das Hitler-System. Moltke schreibt im Oktober 1941 an seine Frau Freya: „Seit Sonnabend werden die Berliner Juden zusammengetrieben, abends um 21.15 werden sie abgeholt und über Nacht in eine Synagoge gesperrt. Dann geht es mit dem, was sie in der Hand tragen können, ab nach Litzmannstadt und Smolensk. Man will es uns ersparen zu sehen, dass man sie einfach in Hunger und Kälte verrecken lässt und tut das daher in Litzmannstadt und Smolensk … Wie kann man so etwas wissen und dennoch frei herumlaufen? Mit welchem Recht? Ist es nicht unvermeidlich, dass er dann auch eines Tages dran kommt und dass man ihn auch in die Gosse rollt? – Das alles sind ja nur Wetterleuchten, denn der Sturm steht vor uns …" (Moltke, Briefe an Freya 308)

Moltke verstärkt seine konspirative Tätigkeit. Zusammen mit anderen evangelischen und katholischen Christen wie mit Gewerkschaftern und Sozialdemokraten entwickelt er ein umfassendes Konzept für ein neues Deutschland nach der Niederlage. Auch dieser Kreis ist völlig frei von antisemitischem Denken und hat als oberstes Ziel die Wiedereinführung der Grundrechte für alle Menschen.

Man kann also sagen: Gerade in einem Tiefpunkt der deutschen Geschichte im November 1938 haben evangelische Laien ihre Pflicht zum politischen Widerstand erkannt und sind mit dem Ziel des Sturzes des Hitlerregimes in die konspirative Arbeit gegangen. Für sie waren der Novemberpogrom mit der totalen Entrechtung der Juden und ihre Überführung in Vernichtungslager in Polen ein entscheidender Impuls, sich unter Einsatz ihres eigenen Lebens gegen das totale NS-System als Ausdruck der Vernichtung des europäisch-christlichen und humanistischen Erbes zu kämpfen. Und dabei beriefen sie sich auf eine Ethik des Politischen, wie sie es beim Reformator Luther in seinen Hauptschriften gelesen hatten. Für sie galt jetzt: Mit Luther gegen den selbstmächtigen Staat Hitlers und gegen die brutale Vernichtungspolitik gegen die Juden.

Am 1. September 1941 kam die „Polizeiverordnung über die Kennzeichnung der Juden" heraus. Darin heißt es, dass Juden sich nicht in der Öffentlichkeit ohne einen Judenstern zeigen dürfen: „Der Judenstern besteht aus einem handtellergroßen, schwarz ausgezogenen Sechsstern aus gelbem Stoff mit der schwarzen Aufschrift „Jude". Er ist sichtbar auf der linken Brustseite des Kleidungsstücks fest aufgenäht zu tragen." (Röhm/ThierfelderBd. 4 I, 27)

Diese Verordnung betraf natürlich auch die evangelischen Judenchristen. Es entbrannte eine erneute harte Auseinandersetzung über die Frage, wie die Gemeinden mit ihren Judenchristen umgehen sollten. Ihnen gegenüber wurde in vielen Städten selbstverständliche Solidarität geübt, wie durch die Breslauer Vikarin Katharina Staritz (1903–1953), die am Ende im Frauenkonzentrationslager Ravensbrück landete. In Bremen war es der Pfarrer Gustav Greiffenhagen (1902–1968), der in seiner Gemeinde ein Hilfswerk für die judenchristlichen Gemeindeglieder aufbaute und durch einen DC-Amtsbruder denunziert wurde. Das sog. „Büro Grüber" nahm im Dezember 1938 seine Arbeit auf. Pfarrer Heinrich Grüber (1891–1975) und seine Mitarbeiter in 26 Vertrauensstellen halfen durch Kontakte mit staatlichen Stellen Juden bei Auswanderungen, sie unterstützten Juden in sozialen Nöten und halfen bei der Unterbringung von Alten, Kranken und Geisteskranken. Die offizielle Arbeit endete aber schon im Dezember 1940 mit der Verhaftung von Grüber. Viele Beispiele wären zu bringen über solidarisches Handeln für Juden von evangelischen Frauen und Männern.

Die evangelische Kirchenkanzlei der offiziellen Deutschen Evangelischen Kirche hingegen gab dieses Rundschreiben am 22. Dezember
1941 heraus: „Der Durchbruch des rassischen Bewusstseins in unserem
Volk, verstärkt durch die Erfahrungen des Krieges und entsprechende
Maßnahmen der politischen Führung, haben eine Ausscheidung der Juden aus der Gemeinschaft mit uns Deutschen bewirkt. Dies ist eine un-
bestreitbare Tatsache, an welcher die deutschen evangelischen Kirchen,
die in ihrem Dienst an dem einen ewigen Evangelium an das deutsche
Volk gewiesen sind und im Rechtsbereich dieses Volkes als Körperschaf-
ten des öffentlichen Rechts leben, nicht achtlos vorübergehen können.

Wir bitten daher im Einvernehmen mit dem Geistlichen Vertrauensrat
der Deutschen Evangelischen Kirche die obersten Behörden, geeignete
Vorkehrungen zu treffen, dass die getauften Nichtarier dem kirchlichen
Leben der deutschen Gemeinde fern bleiben. Die getauften Nichtarier
werden selbst Mittel und Wege finden müssen, sich Einrichtungen zu
schaffen, die ihrer gesonderten gottesdienstlichen und seelsorgerlichen
Betreuung dienen können. Wir werden bemüht sein, bei den zuständigen
staatlichen Stellen die Zulassung derartiger Einrichtungen zu erwirken."
(ebd. 102)

Einige Gemeinden brachten an ihren Kirchen Verbotstafeln für das
Betreten von getauften Juden an. Am radikalsten ist eine Bekanntma-
chung der sieben DC-Kirchenleiter vom 17. Dezember 1941: „Die nationalsozialistische deutsche Führung hat mit zahlreichen Dokumenten
unwiderleglich bewiesen, dass dieser Krieg in seinen weltweiten Aus-
maßen von den Juden angezettelt worden ist. Sie hat deshalb im Innern
wie auch nach außen die zur Sicherung des deutschen Lebens notwendigen Entscheidungen und Maßnahmen gegen das Judentum getroffen.
Als Glieder der deutschen Volksgemeinschaft stehen die unterzeichneten
deutschen evangelischen Landeskirchen in der Front dieses historischen
Abwehrkampfes, der unter anderem die Reichspolizeiverordnung über
die Kennzeichnung der Juden als der geborenen Welt- und Reichsfeinde
notwendig gemacht hat, wie schon Dr. Martin Luther nach bitteren Erfahrungen die Forderung erhob, schärfste Maßnahmen gegen die Juden
zu ergreifen und sie aus deutschen Landen auszuweisen.

Von der Kreuzigung Christi bis zum heutigen Tage haben die Juden das Christentum bekämpft oder zur Erreichung ihrer eigennützigen Ziele missbraucht und verfälscht. Durch die christliche Taufe wird an der rassischen Eigenart eines Juden, seiner Volkszugehörigkeit und seinem biologischen Sein nichts geändert. Eine deutsche evangelische Kirche hat das religiöse Leben deutscher Volksgenossen zu fördern. Rassejüdische Christen haben in ihr keinen Raum und kein Recht.

Die Unterzeichneten deutschen evangelischen Kirchen und Kirchenleiter haben deshalb jegliche Gemeinschaft mit Judenchristen aufgehoben. Sie sind entschlossen, keinerlei Einflüsse jüdischen Geistes auf das deutsche religiöse und kirchliche Leben zu dulden." (ebd. 111)

Zu den DC-Landeskirchen gehörten Sachsen, Nassau-Hessen, Mecklenburg, Schleswig-Holstein, Anhalt, Thüringen und Lübeck. Hier liegt eine eindeutige Parteinahme von DC-Kirchenleitern für die Judenpolitik des Reiches vor. Sie entsprechend in die Wirklichkeit ihrer Gemeinden zu übertragen, war ihnen selbstverständlich. Sie sahen sich nach vierhundert Jahren in der Nachfolge der antijüdischen Spätschriften Luthers.

Die Mitglieder der Bekennenden Kirche hatten wie die meisten Deutschen keine genauen Kenntnisse über die Konzentrationslager im eigenen Land und wussten über die Massenvernichtungslager in Polen und in anderen Oststaaten noch weniger. Dass im Osten Millionen nichtdeutscher Juden umgebracht wurden, wussten nur die direkt oder indirekt an dem System Beteiligten. Die Folge: In keinem kirchlichen Wort steht etwas über den Holocaust. Die Worte der Bekennenden Kirche beziehen sich auf das Wissen, das sie über die Verhältnisse im Inland haben. Aus den vielen Worten auf Bekenntnissynoden der BK sei ein Text aus der schlesischen Bekenntnissynode von 1943 wiedergegeben, der ein deutliches Wort über die Situation und die Aufgabe der Kirche im Sinne der Barmer Theologischen Erklärung von 1934 mitten in dem mörderischen Krieg sagt:

„Jesus Christus, wie er in der Heiligen Schrift bezeugt wird, ist das eine Wort Gottes, das wir zu hören, dem wir im Leben und im Sterben zu vertrauen und zu gehorchen haben." (Barmen 1)

„1. Damit ist die Meinung verworfen, es stünden der Kirche außer der Heiligen Schrift trotz der Erbsünde noch andere Quellen der Verkündigung offen, sei es in der Vernunft oder in der frommen Erfahrung, sei es in Natur oder Geschichte.

Es widerstreitet diesem Bekenntnis, wenn in der Kirche seit langem bis in die jüngste Zeit das völkische Geschehen religiös verklärt wird. Wohl steht das völkische Geschehen in Politik, Kultur und Wirtschaft unter Gottes Vorsehung und seiner Geduld. Das anerkennt die Kirche in der Fürbitte. Aber wir dürfen nicht meinen, dass Gott sich in der Geschichte zu unserem Heil erschließt. Der völkische Staat ist keine Wiederherstellung der Schöpfungsordnung und die Demokratie ist keine Form des Reiches Gottes auf Erden.

Wo immer die Kirche der Versuchung erliegt, das völkische Geschehen religiös zu verklären, trägt sie selbst zur Dämonisierung irdischer Mächte und Gewalten bei.

2. ‚Das eine Wort Gottes' hört die Kirche im Zeugnis des Alten Testaments vom kommenden und im Zeugnis des Neuen Testamentes von dem gekommenen und wiederkommenden Herrn Jesus Christus.

Es widerstrebt darum diesem Bekenntnis, wenn die Kirche in Beugung unter den Rasseglauben unserer Zeit meint, den Zusammenhang zwischen Altem und Neuem Testament ganz oder teilweise preisgeben zu können. Es heißt diesen Zusammenhang preisgeben, wenn in der Kirche verschwiegen wird, dass Jesus Christus aus dem Haus und Geschlechte Davids war, oder wenn der Text der Heiligen Schrift dort eigenmächtig geändert wird, wo die Kirche als das wahre Israel bezeugt wird. Es heißt diesen Zusammenhang preisgeben, wenn Kirchenlieder bewusst aus dem Gottesdienst verbannt werden, die von Jehova, dem Herrn Zebaoth, von Israel, Jerusalem oder Zion reden.

Wo immer die Kirche der Versuchung erliegt, sich dessen zu schämen, dass Gottes Offenbarung zuerst an Israel erging, verleugnet sie den Herrn Jesus Christus."

(Kirchliches Jahrbuch 1933–1944, 383 ff.)

Eindeutig wird hier der Zusammenhang zwischen dem Volk Israel und der Kirche Jesu Christi bezeugt. Die hebräische Bibel und das christliche Zeugnis über Jesus den Christus sind zu unterscheiden, aber nicht zu trennen. Wer so bekennt, kann sich nicht dem herrschenden Rassengedanken unterwerfen. Der Christ glaubt an Jesus als den Christus, der Jude gewesen ist. Das zu bekennen, steht gegen die mörderische Judenpolitik eines politisch-weltanschaulichen Systems, das sich zum Ziel die physische Ausrottung der jüdischen Rasse gemacht hat.

Am 16./17. Oktober 1943 tagte zum 12. Male die Bekenntnissynode der Evangelischen Kirche der altpreußischen Union in Breslau. Sie verabschiedet eine theologische Grundsatzreflexion über „Die Auslegung des Fünften Gebotes". Sie ist eine der erregendsten Worte der Bekennenden Kirche. Die Thesen 7, 8 und 17 heißen:

„7. Gott schenkte das Leben in der Schöpfung und heiligte es sich wieder in der Erlösung durch Christus. Darum ist er der Herr allen Lebens. Weil Christus für alle Menschen gestorben ist und sie durch sein Blut erworben hat, sind wir nicht Herr über menschliches Leben. Gott beruft uns durch Christus wieder zur Gottebenbildlichkeit, auf die hin er einst den Menschen schuf. Darum gilt über die Zeiten hin: ‚Wer Menschenblut vergießt, des Blut soll auch durch Menschen vergossen werden; denn Gott hat den Menschen zu seinem Bilde gemacht.' (1. Mose 9,6)

8. Der Umfang, den das Töten im Kriege annimmt, könnte uns leicht stumpf machen gegenüber der Tatsache, dass Gott das Töten untersagt. Das fünfte Gebot gilt immer. Ein christliches Gewissen kann es nicht überhören. Nie wird ein Christ Freude an Blutvergießen haben. Er wird es verabscheuen, Völker in den Krieg zu treiben. Die schrecklichen Begleiterscheinungen stehen ihm lebendig vor Augen. Zum Töten gehört auch die indirekte Art des Tötens, die dem Nächsten den Raum zum Leben nimmt, so dass er nicht mehr lange leben kann, oder die es unterlässt, ihn aus Todesnot zu retten. Wider Gottes Willen tötet auch, wer keimendes Leben vernichtet.

Zum Töten gehört die geistige Verletzung des Nächsten mit Wort und Spott, gehört jegliche Verunglimpfung des Nächsten und Herabsetzung seiner Person. Zum Töten gehört die Hinterziehung von Lebensmitteln und Kleidung, gehört die Verdrängung des Nächsten aus seiner Lebensstellung, gehört Schadenfreude, Hass und Rachedurst. Gott aber will, dass wir das Leben des Nächsten hoch achten. Um Gottes willen gilt es sehr viel, auch wenn es vor Menschen wenig gelten mag.

17. Besonders sind alte Leute in unseren Tagen mehr als früher auf unsere Hilfe angewiesen. Unsere Hilfe bedürfen auch unheilbar Kranke, Schwachsinnige und Gemütskranke. Wir haben auch ihren Familien zu helfen, die Last zu tragen. Wir dürfen auch die nicht vergessen, denen eine Hilfe aus öffentlichen Mitteln nicht oder so gut wie nicht zuteil wird. Das öffentliche Urteil hierüber kümmert den Christen nicht. Sein Nächster ist allemal der, der hilflos ist und seiner besonders bedarf, und zwar ohne Unterschied der Rassen, Völker und Religionen. Denn das Leben aller Menschen gehört Gott allein. Es ist ihm heilig, auch das Leben des Volkes Israel. Gewiss hat Israel den Christus Gottes verworfen, aber nicht wir Menschen oder gar wir Christen sind gerufen, Israels Unglauben zu strafen." (ebd. 384 ff.)

Es dürfte viel Mut dazu gehört haben, mitten in einem mit vielen Opfern und Zerstörungen geführten totalen Krieg zu formulieren: Krieg ist gegen den Willen Gottes. Und Töten, aus welchen Gründen auch immer, ist gegen den göttlichen Willen. Christen haben, ohne auf die Rassen, Völker und Religionen zu sehen, Allen unterschiedslos zu helfen. Aufgezählt werden als Beispiele genau die, die als unwertes Leben oder als überflüssige Schmarotzer auf der NS-Todesliste standen: physisch und psychisch Kranke. Es ist ein klares Zeugnis gegen die Praxis der Euthanasie. Heilig ist den Bekennern Jesu Christi auch das Leben des Volkes Israel. Damit wenden sie sich gegen die Ermordung der Juden aus rassischen Gründen.

Es zeigt sich, dass evangelische Christen in der NS-Zeit zu den Mordaktionen des NS-Systems nicht nur mehrheitlich geschwiegen, sondern auch in einigen Fällen gegen die Machthaber in verständlicher Sprache das vor Gott schuldhafte Handeln benannt haben. Sie haben hier und anders ihr Nein gegen die Todesmaschinerie mutig bekannt. Aber die Worte von Bekenntnissynoden wurden nur durch Hektographien im engeren Raum der Kirche verbreitet. Keine Zeitung hat über sie berichtet.

Solche Synodenworte heben auch nicht den Tatbestand auf, dass sich die Mehrheit der Christen aus patriotischen Gründen zur Zeit der großen Entscheidungsschlachten dieses Krieges nicht zur Aufkündigung ihrer Loyalität zum NS-Staat entschließen konnte. Die widerständigen Worte hätten Konsequenzen im Blick auf den Übergang in aktiven politischen Widerstand haben können. Das war allerdings nur selten, auch unter den Frauen und Männern der BK.

Eindeutigen politischen Widerstand mit dem Ziel des Sturzes Hitlers und seines Systems haben nur kleine Kreise von Laienchristen in der Wehrmacht und im zivilen Bereich geleistet. Bei aller Unterschiedlichkeit ihrer politischen Entwürfe für die Zeit nach dem Ende des Nationalsozialismus verband sie dieses Zielbündel: Die Errichtung eines Staatswesens auf dem Fundament von Grundwerten und Menschenrechten für alle Bürger, wie es die Kreisauer formuliert hatten: „Das zertretene Recht muss wieder aufgerichtet und zur Herrschaft über alle Ordnungen des menschlichen Lebens gebracht werden … Die Glaubens- und Gewissenfreiheit wird gewährleistet … Brechung des totalitären Gewissenszwangs und Anerkennung der unverletzlichen Würde der menschlichen Person als Grundlage der zu erstrebenden Rechts- und Friedensordnung …" (Brakelmann: Kreisauer Kreis, 307)

Bei unserem Durchgang durch die Zeiten des aufkommenden Antisemitismus im 19. Jahrhundert und des praktizierten Vernichtungsantisemitismus im 20. Jahrhundert hat sich gezeigt, dass man vorsichtig sein muss mit radikalen einseitigen Urteilen. Luther und Stoecker in Verbindung zur Praxis des Holocaust zu bringen, dürfte nach den vorliegenden Quellen nicht möglich sein. Aber eine politisch-geistige Mitverantwortung des zeitgenössischen Protestantismus für die Etablierung des Dritten Reiches und für seine anfängliche Zustimmung zur obrigkeitlichen Judenpolitik dürften klar erwiesen sein. Ein Ja zur physischen Vernichtungspolitik haben nur die Deutschen Christen gesprochen. Die Bekennende Kirche hat sich ihrerseits nicht zu einer deutlich ausgesprochenen Solidarität mit den verfolgten Juden bekennen können. Es sind ganz kleine Minderheiten gewesen, die mit Wort und Tat den Verfolgten beigestanden haben. Und es sind nur zwei kleine Gruppen gewesen, die sich nach dem Judenpogrom von 1938 zum politischen Widerstand mit dem Ziel des Sturzes des NS-Systems gebildet haben, die aber beide gescheitert sind. So bleibt das Fazit: Die Führergefolgschaft der meisten Protestanten endete erst mit dem Tod Hitlers und mit dem Kriegsende.

Literatur (Auswahl)

Dieses Literaturverzeichnis hat den Sinn, das Ausmaß der Diskussion über das Judentum und die Rolle des Antisemitismus im Kaiserreich aufzuzeigen. Aber es enthält auch die Literatur über einen konstruktiv-kritischen Dialog zwischen jüdischen und christlichen Gelehrten. Diese Diskussion dürfte eine der intensivsten Auseinandersetzungen in Deutschland gewesen sein. Ihre genauere Kenntnis lässt verstehen, warum zwei Jahrzehnte später der nationalsozialistische Vernichtungsantisemitismus Wirklichkeit werden konnte.

Vor 1933

Buchwald, Georg: Luther und die Juden. Den deutschen Studenten gewidmet von einem Kommilitonen, Leipzig 1881

Lewin, Reinhold: Luthers Stellung zu den Juden, Berlin 1911

Sombart, Werner: Die Juden und das Wirtschaftsleben, München/Leipzig 1911

Schaeffler, E.: Luther und die Juden, Gütersloh 1917

Walther, Wilhelm: Luther und die Juden und die Antisemiten, Leipzig 1921

Falb, Alfred: Luther und die Juden. Deutschlands führende Männer und das Judentum, München 1921

Hitler, Adolf: Mein Kampf, Bd. I, 1925, Bd. II, 1927, München 1941

Lamparter, Eduard: Evangelische Kirche und Judentum, Stuttgart 1928

Ders.: Das Judentum in seiner kultur- und religionsgeschichtlichen Erscheinung, Gotha 1928

Steinlein, H: Luthers Stellung zum Judentum, Nürnberg 1929

Bach, Karl Otto von der: Luther als Judenfeind, Berlin 1931

Parisius, Hans Ludolf: Von den Juden und ihren Lügen von M. Luther 1543, München 1931

Petras, Otto: Luther und wir, Berlin 1932

Holsten, Walter: Christentum und nichtchristliche Religion nach der Auffassung Luthers, Gütersloh 1932

1933

Vogelsang, Erich: Luthers Kampf gegen die Juden, Tübingen 1933

Grunsky, Karl: Luthers Bekenntnisse zur Judenfrage, Stuttgart 1933

Engelke, Fritz: Christentum deutsch, Hamburg 1933

Meyer-Erlach, Wolf: Der Pfarrer im Dritten Reich, Weimar 1933

Thom, Martin (Hg.): Evangelische Reden im 3. Reich, Berlin 1933

Anton, R. (Hg.): Nationale Feiertagspredigten und Ansprachen 1933, Leipzig 1935

Grünagel, Friedrich: Der Liberalismus und sein Ende, Aachen 1933

Wagner, Martin: Die „Deutschen Christen" im Kampf um die innere Erneuerung des deutschen Volkes, Berlin 1933

Wienecke, Friedrich: Die Glaubensbewegung „Deutsche Christen", Soldin 1933

Bornkamm, Heinrich: Volk und Rasse bei Luther, in: Volk, Staat, Kirche, Gießen 1933

Fronemann, Wilhelm: Der deutsche Luther, Leipzig 1933

Zeitschrift „Deutsche Theologie": Friedrich Gogarten: Luther der Theologe; Emanuel Hirsch: Luthers Berufung; Artur Weiser: Das Alte Testament in der christlich-völkischen Gegenwart; Walter Grundmann: Die Neufassung der Theologie und der Aufbruch der Nation; Herrmann Wolfgang Beyer: Im Kampf um Volk und Kirche; Dresden 1934

Preuß, Hans: Luther und Hitler, in: AELKZ 1933, Nr. 42 u. 43

Etzrodt, Hermann/Kronenberg, Kurt (Hg.): Das Eislebener Lutherbuch, Eisleben 1933

Schemm, Hans: Unser Glaube heißt Christus, unsere Politik heißt Deutschland, Sulzbach 1933

Noack, J.: Luther und die Juden. Dargestellt nach Luthers Schrift „Wider die Juden und ihre Lügen", 1543, Bund für Deutsche Kirche (Hg.), 1933

Kittel, Gerhard: Die Judenfrage, Stuttgart 1933

Bonhoeffer, Dietrich: Die Kirche vor der Judenfrage, 1933

Nach 1933

Leisegang, Hans: Luther als deutscher Christ, Berlin 1934

Woll, Richard: Wir nichtarischen Christen. Drei Reden vom Vorsitzenden des Reichsverbandes der nichtarischen Christen, Frankfurt/Oder 1934

Vischer, Wilhelm: Das Christuszeugnis des Alten Testaments, Bd. 1: Das Gesetz, München 1934

Scheel, Otto: Evangelium, Kirche und Volk, Leipzig 1934

Werdermann, Hermann: Martin Luther und Adolf Hitler, Dortmund 1935

Hauser, Otto: Geschichte des Judentums, Weimar 1935

Hahn, Gerhard: Von den Juden und ihren Lügen. Ein Vortrag über Luthers Schrift, Bremen 1935

Thiel, Rudolf: Luther. Von 1522–1546, Berlin 1935

Stöhr, Martin: Die Judenfrage als kirchliches Problem, in: Reformierte Kirchenzeitung 85 (1935), S. 82 ff.

Pagel, Theodor (Hg.): Antisemitismus der Welt in Wort und Bild, Dresden 1936

Münchener Lutherausgabe: Schriften wider Juden und Türken, hg. von Walter Holsten, München 1936

Gabriel, Walter: Dr. Martin Luther. Von den Jüden. Luthers christlicher Antisemitismus nach seinen Schriften, Göttingen 1936

Meyer-Erlach, Wolf: Verrat an Luther, Weimar 1936

Halfmann, Wilhelm: Die Kirche und der Jude, Breklum 1936

Ders.: Juden, Mönche und Luther, Weimar 1937

Linden, W. (Hg.): Luthers Kampfschriften gegen das Judentum, Berlin 1936

Grau, W.: Die Judenfrage in der deutschen Geschichte, Leipzig 1937

Sasse, Martin: Martin Luther und die Juden. Weg mit ihnen!, Freiburg 1938

Hahne, F.; Luther und die Juden, in: Hammer. Blätter für deutschen Sinn 37 (1938)

Pauls, Theodor: Luther und die Juden, 3 Bde. Bonn 1939

Ders.: Zur Aussprache über „Luther und die Juden", in: Positives Christentum Nr. 38/39

Kindt, Karl: Luthers Kampf gegen das Judentum, in: Die neue Literatur 40 (1939)

Grundmann, Walter: Die Entjudung des religiösen Lebens als Aufgabe deutscher Theologie und Kirche, Weimar 1939

Petersmann, Werner/Pauls, Theodor: „Entjudung" selbst der Luther-Forschung in der Frage der Stellung Luthers zu den Juden! Bonn 1940, 2. Aufl.

Rudolf, E. V. von: Dr. Martin Luther wider die Juden. Vierhundert Jahre deutschen Ringens gegen die jüdische Fremdherrschaft, München 1940

Meyer-Erlach, Wolf: Der Einfluß der Juden auf das evangelische Christentum, in: Christentum und Judentum, 1940

Chamberlain, Houston: Die Grundlagen des 19. Jahrhunderts, 28. Auflage, München 1942

Allgemeine Literatur

Brakelmann, Günter: Evangelische Kirche und Judenverfolgung. Drei Einblicke: Kirche und staatliche Judenpolitik 1933 mit Zeitleiste; Kirche und Judenpogrom 1938; Kirche und die Frage der Mitschuld 1945–1949 mit Zeitleiste, Waltrop 2001

Ders./Brocke, Manuela vom: Emanzipation und Antisemitismus. Ein Lese- und Arbeitsbuch, Bd. 1: 1869–1877, Waltrop 2002

Ders.: Adolf Stoecker als Antisemit, Teil 1: Leben und Wirken Adolf Stoeckers im Kontext seiner Zeit, Teil 2: Texte des Parteipolitikers und des Kirchenmannes, Waltrop 2004

Ders.: Der Kreisauer Kreis, Münster 2004

Ders.: Hitler und Luther 1933, Bochum 2008

Domarus, Max: Hitler. Reden und Proklamationen 1932–1945, Wiesbaden 1973

Freiburger Kreis, Denkschrift: Politische Gemeinschaftsordnung, in: In der Stunde Null, eingeleitet von Helmuth Thielicke, mit einem Nachwort von Philipp von Bismarck, Tübingen 1979

Heinrichs, Wolfgang E.: Das Judenbild im Protestantismus des Deutschen Kaiserreichs, Köln 2000

Jäckel, Eberhard: Hitlers Weltanschauung, Stuttgart 1981

Katz, Steven Theodore: Kontinuität und Diskontinuität zwischen christlichem und nationalsozialistischem Antisemitismus, Tübingen 2001

Meier, Kurt: Die deutschen Christen, Halle 1965

Ders.: Kirche und Judentum. Die Haltung der evangelischen Kirche zur Judenpolitik des Dritten Reiches, Göttingen 1968

Metzger, Hartmut: Kristallnacht, Stuttgart 1978

Michaelis, Herbert u.a. (Hg.): Ursachen und Folgen. Vom deutschen Zusammenbruch 1918 und 1945 bis zur staatlichen Neuordnung Deutschlands in der Gegenwart. Eine Urkunden- und Dokumentensammlung zur Zeitgeschichte, Berlin 1958

Moltke, Helmuth James von: Briefe an Freya 1939–1945, hg. von Beate Ruhm von Oppen, München 1988

Nabrings, Arie: (Hg.): Reformation und Politik – Bruchstellen deutscher Geschichte im Blick des Protestantismus, Bonn 2015

Norden, Günther van: Der deutsche Protestantismus im Jahr der nationalsozialistischen Machtergreifung, Gütersloh 1979

Nowak, Kurt u.a. (Hg.): Protestantismus und Antisemitismus in der Weimarer Republik, Frankfurt/Main u.a. 1994

Oelke, Harry u.a. (Hg.): Martin Luthers „Judenschriften". Die Rezeption im 19. und 20. Jahrhundert, Göttingen 2016

Ritter, Gerhard: Ein politischer Historiker in seinen Briefen, hg. von Klaus Schwabe und Rolf Reichhardt, Boppard am Rhein 1984

Röhm, Eberhard/ Thierfelder, Jörg (Hg.): Juden – Christen – Deutsche 1933–1945, Bd. 3/ I und II und Bd. 4/ I, Stuttgart 1995

Schäfer, Gerhard (Hg.): Die Evangelische Landeskirche in Württemberg und der Nationalsozialismus, Bd. 6, 1938–1945, Stuttgart 1986

Schwabe, Klaus / Reichardt, Rolf unter Mitwirkung von Reinhard Hauf (Hg.): Gerhard Ritter. Ein politischer Historiker in seinen Briefen, Boppard 1984

Wendebourg, Dorothea u.a. (Hg.): Protestantismus, Antijudaismus, Antisemitismus, Tübingen 2017

Dies.: So viele Luthers … Die Reformationsjubiläen des 19. und 20. Jahrhunderts, Leipzig 2017

Wiese, Christian: Wissenschaft des Judentums im wilhelminischen Deutschland. Ein Schrei ins Leere? Tübingen 1999

Ders.: Überwinder des Mittelalters? Ahnherr des Nationalsozialismus? Zur Vielstimmigkeit und Tragik der jüdischen Lutherrezeption im wilhelminischen Deutschland und in der Weimarer Republik, in: Stefan Laube, Karl-Heinz Fix (Hg.): Lutherinszenierung und Reformationserinnerung, Leipzig 2000, S. 165–197

 Ein ausführliches Literaturverzeichnis mit den wichtigsten Büchern, Broschüren und Vorträgen zum deutschen Antisemitismus aus den Jahren von 1869 bis 1914 ist online verfügbar unter: www.stadtakademie.de/publikationen/ev-perspektiven.html

Zur Person: Günter Brakelmann

 Günter Brakelmann wurde am 3. September 1931 in Bochum geboren. Er studierte evangelische Theologie, Sozial- und Geschichtswissenschaften an der Eberhard-Karls-Universität Tübingen und der Westfälischen Wilhelms-Universität in Münster. Nach seiner Promotion 1959 wurde Brakelmann zunächst Berufsschul- und Studentenpfarrer in Siegen. Von 1962 bis 1968 war er Dozent an der Evangelischen Sozialakademie in Friedewald. 1967 wurde er Wissenschaftlicher Mitarbeiter am Institut für Christliche Gesellschaftslehre der Westfälischen Wilhelms-Universität in Münster, bevor er 1970 zum Direktor der Evangelischen Akademie Berlin berufen wurde. 1972 nahm er einen Ruf auf den Lehrstuhl für Christliche Gesellschaftslehre an der Ruhr-Universität Bochum an, auf dem er bis zu seiner Emeritierung 1996 blieb. Von 1980 bis 1996 war er Direktor des Sozialwissenschaftlichen Instituts (SWI) der Evangelischen Kirche in Deutschland (EKD), das bis 2004 in Bochum angesiedelt war.

Brakelmann, der in verschiedenen Gremien der westfälischen Landeskirche, der Evangelischen Kirche in Deutschland und der SPD, der er seit 1957 angehört, tätig war, war Mitglied verschiedener Gremien des Westdeutschen Rundfunks und des Programmbeirats für das Erste Deutsche Fernsehen. Seine Forschungsschwerpunkte liegen seit seiner Emeritierung in der Geschichte des Antisemitismus und der Geschichte des Widerstandes gegen den Nationalsozialismus. 2000 wurde Günter Brakelmann mit dem Hans-Ehrenberg-Preis der Hans Ehrenberg Gesellschaft und des Evangelischen Kirchenkreises Bochum ausgezeichnet.